海洋科技出版工程

U0645168

世界湾区城市群比较研究

宋旭琴　蔡玉兰　谢兰兰
吴　俊　向　鑫　　　编　著

哈尔滨工程大学出版社
Harbin Engineering University Press

内 容 简 介

本书比较全面地阐述了世界湾区城市群比较研究的基本理论,深入浅出地介绍了湾区的概念及特征,湾区经济的内涵及意义、形成机理和发展模式,湾区经济的崛起,城市群的形成、空间结构及演变进程,世界三大湾区的基本概况和发展特征,以及世界三大湾区对我国发展湾区经济的启示等。旨在帮助当代大学生和相关研究者深入了解湾区、湾区经济以及中国湾区城市群的发展战略。

本书作为高等院校通识课教材,适用于经济类专业课程,也可作为成人教育、职业技术教育院校通识课教材,同时亦可作为研究湾区经济的参考书,供相关领域研究人员使用。

图书在版编目(CIP)数据

世界湾区城市群比较研究/宋旭琴等编著. —哈尔
滨:哈尔滨工程大学出版社,2021.5
　　ISBN 978 - 7 - 5661 - 3004 - 4

　Ⅰ.①世…　Ⅱ.①宋…　Ⅲ.①城市群 - 对比研究 - 世
界　Ⅳ.①F299.1

中国版本图书馆 CIP 数据核字(2021)第 078244 号

世界湾区城市群比较研究
SHIJIE WANQU CHENGSHIQUN BIJIAO YANJIU

选题策划　史大伟　薛　力
责任编辑　张　曦
封面设计　李海波

出版发行　哈尔滨工程大学出版社
社　　址　哈尔滨市南岗区南通大街 145 号
邮政编码　150001
发行电话　0451 - 82519328
传　　真　0451 - 82519699
经　　销　新华书店
印　　刷　北京中石油彩色印刷有限责任公司
开　　本　787 mm × 1 092 mm　1/16
印　　张　6.75
字　　数　172 千字
版　　次　2021 年 5 月第 1 版
印　　次　2021 年 5 月第 1 次印刷
定　　价　39.00 元
http://press.hrbeu.edu.cn
E-mail:heupress@ hrbeu.edu.cn

序　言

随着《粤港澳大湾区发展规划纲要》的出台，有关湾区城市群的研究引起了人们的关注。湾区经济是一种重要的滨海经济形态，也是当今国际经济版图中的突出亮点，湾区城市群的经济活力和创新能力在全世界都是首屈一指的。

当前，我国的经济正面临国际和国内双重压力的挑战，亟须培养新的经济增长点。因此，研究世界湾区城市群的经济发展和崛起动因对我国湾区城市群的建设有着非常重要的借鉴意义。湾区城市群的建设能否成为中国区域经济发展的领头羊，让人拭目以待。

本书主要研究世界湾区城市群的形成机理、发展模式和发展路径，并对湾区城市之间的优势特征进行对比分析，以期能够为我国发展湾区经济提供经验与启示。

本书在几位老师的共同努力下，经过一年多的筹备终于得以出版。广州航海学院的蔡玉兰博士为本书撰写第一章、第二章；谢兰兰博士为本书撰写第五章、第九章、第十章；吴俊博士为本书撰写第六章；宋旭琴博士为本书撰写第三章、第四章、第七章、第八章、第十一章、第十二章和结语；广东工业大学的向鑫老师为本书撰写第十三章。首先要感谢以上老师的辛勤付出，其次要感谢广州航海学院的袁炎清副校长，没有他的帮助和鼓励，本书无法顺利完成。

本书在撰写的过程中，学习和借鉴了对相关课题已经做了先期研究的专家学者们的成果，他们的观点对本书的论述起到了重要作用，特此鸣谢！

本书的编者均为从事一线教学和科研工作的高校老师，因此在编写过程中充分考虑到书籍的易读性和实用性，希望能得到读者的认同。

是为序！

宋旭琴

2020 年 11 月 20 日

目　　录

第一章　湾区的概念及特征

第一节　湾区的概念

一、世界湾区的概念

人们对于湾区的认识,大体经历了从地理属性到经济属性的延伸变化。

从地理属性上看,一般认为湾区是由一个海湾或相连的若干个海湾、港湾、邻近岛屿组成的区域,是滨海城市特有的空间形态。在国际上,湾区多用于描述围绕沿海口岸分布的众多海港和城镇所构成的港口群和城镇群。根据湾区所围海面面积的大小,可以将湾区空间划分为以下四种尺度。

(1)小尺度的湾区空间:陆地所包围的海面面积较小,一般小于5平方千米,最大不超过10平方千米。

(2)中等尺度的湾区空间:湾区海面面积宽度适中,海湾两岸有水路和陆路两种交通方式,通常是城市的一部分或隶属于某个行政区,如胶州湾、大连湾、英吉利湾等。

(3)大尺度的湾区空间:湾区海面面积较大,这类湾区通常由多个城市一起构成一个城市群或者经济圈,如渤海湾、东京湾、旧金山湾等。

(4)超大尺度的湾区空间:湾区内可能包含很多小型和中型的海湾,如孟加拉湾、墨西哥湾等都是面积超过100万平方千米的超大尺度海湾,这类湾区通常分属于很多国家。

可见,湾区虽然位于沿海地区,但又不仅限于沿海地区,它由海岸线凹进陆地形成,是沿海多个城市共享的水域。湾区也不同于单个岛屿,它与大陆相连,海陆联动,经济腹地广阔,发展潜力巨大。因而,人们对湾区的认识又逐渐扩展到其经济属性上来,并称之为"湾区经济"。

在区域经济一体化的带动下,湾区经济效益日益凸显。根据世界银行统计的数据显示,全球经济总量的60%集中在港口海湾地区,75%的大城市、70%的工业资本集中在距海岸线100千米范围的海岸带地区。湾区经济已成为推动技术创新、带动全球经济发展的增长极。

目前,全球发展最成功的湾区包括美国的纽约湾区、旧金山湾区以及日本的东京湾区(日本称为"首都圈"),这些湾区都体现出一些共同点,比如都拥有漫长的海岸线及多个港口城市,它们或通过协作规划或通过市场自发,最终形成一个产业布局错落有致、产业配套相互呼应、产业与金融不断融合的发展模式。事实证明,湾区不仅是一个国家经济发展的核心动力、区域发展的范本,也是促进一个国家的经济融入全球经济的重要区域,更会成为全球经济发展的核心区域,从而奠定全球经济热力版图的核心地位。

二、粤港澳大湾区的概念

"粤港澳大湾区"的概念最初源于民间倡议,之后上升到国家战略的高度。

1994年,时任香港科技大学校长的吴家玮首次提出"香港湾区"这一概念,并于1998年在内地和香港携手抵御亚洲金融风暴时,将其改称为"港深湾区"。随着新千年的到来,务实、开放、创新的粤商精神推动着广东、香港和澳门三地不断加强经济融合,人文交往不断深入。2008年下半年,世界金融危机重创香港,更加坚定了三地守望相助以及携手前行的决心。共谋出路、共同发展已经不只是学界、企业界的呼声,三地政府开始认真探索新的合作模式。

2015年,"粤港澳大湾区"的概念终于得到国家认可,并于2017年3月被纳入国务院《政府工作报告》,迎来了历史性的发展机遇。随后,粤港澳大湾区论坛、粤港澳大湾区研究院、粤港澳大湾区企业家联盟、粤港澳大湾区青年行动联盟等民间交流平台及组织相继成立并开始运营,粤港澳大湾区的建设发展已经成为社会各界的普遍共识。

如果剥离"大湾区"的海岸概念,则其更多反映的是城市群或城市圈的概念。"城市群"的概念最早由法国地理学家戈特曼(Jean Gottmann)提出,他在观察美国东北部纽约—波士顿城市群时使用了"megalopolis"一词。这一概念在引入中国后对中国的城市群如珠三角、长三角、京津唐城市群的规划有着较为深刻的影响。然而,如果仅仅从统计意义上圈画城市群则是无意义的,世界上也存在着诸如"大伦敦区""大孟买区""大巴黎区"等城市群。湾区之所以能跳脱出原有的"城市群"概念,就是因为湾区城市有着更为明晰的功能互补和协同发展方向,能够促成更为明显的相互融合和多元化发展,粤港澳大湾区的形成即是如此。

中国早期的"湾区"以经济区、港口群的形式出现,如将珠三角经济区加港澳特别行政区定义为"大珠三角湾区"。大珠三角湾区蕴含两层概念,其一指临近珠江口岸线的滨海地带的"小湾区",其二指临近珠江口各行政管辖区范围的总和。学术界对于"大湾区"范围的界定观点并不一致,直至2019年2月,中共中央、国务院印发《粤港澳大湾区发展规划纲要》(下文简称《规划纲要》),明确指出粤港澳大湾区由"9+2"组成,即广东省广州市、深圳市、珠海市、佛山市、惠州市、东莞市、中山市、江门市、肇庆市9个城市,再加上香港和澳门2个特别行政区。

统计数据显示(2018年),粤港澳大湾区总面积约5.6万平方千米,不足全国土地面积的1%;人口总数7 112万,不足全国人口总数的5%。2017年,粤港澳地区的GDP总量超过10万亿元[1],超过全球经济体排名第11位的韩国。其中,香港、广州和深圳的GDP总量分别达到2.21万亿元、2.15万亿元和2.24万亿元,为打造粤港澳大湾区提供了良好的经济基础。

2017年,我国两会的《政府工作报告》提出"研究制定粤港澳大湾区城市群发展规划",粤港澳大湾区正式上升为国家战略。

2019年《规划纲要》又从科技创新、互联互通、产业培育与开放合作等方面支持并推动

---

[1] 本书中未明确标明外币的均为人民币。

粤港澳大湾区建设,提升粤港澳大湾区在国家经济发展和对外开放中的支撑引领作用,打造世界级城市群,剑指仅次于东京湾区、旧金山湾区和纽约湾区的全球第四大湾区。如表1-1所示,从经济规模和发展条件上看,粤港澳大湾区具备成熟湾区所需的超级体量、影响力及集中度,是国家建设世界级城市群和参与全球竞争的重要空间载体。

表1-1 世界四大湾区相关数据

湾区名称	纽约湾区	旧金山湾区	东京湾区	粤港澳大湾区
占地面积(万平方千米)	2.15	1.79	1.36	5.6
人口(万人)	2 020	777	4 400	7 112
GDP(万亿美元)	1.66	0.78	1.77	1.64
GDP 全国占比(%)	8.88	4.04	32.31	11.8
第三产业占比(%)	89.4	82.8	82.3	62.2
国际地位	世界金融核心中枢,国际航运中心	世界重要的高科技研发中心,美国西海岸最重要的金融中心	日本最大的工业城市群,世界重要的国际金融中心、交通中心、商贸中心	亚太地区重要的经济增长中心,全球制造业基地,世界重要的商贸中心

数据来源:根据亚洲金融智库的《粤港澳大湾区金融发展报告(2019)》以及其他文献资料整理所得。

第二节 湾区的特征

一、对外开放程度高

湾区依港而生,具有天然的开放性,这种开放性为湾区经济的发展奠定了基础。在航海技术的发展和推动下,海运成为对外贸易最主要的交通运输方式,直接推动港口成为连接本国市场和国际市场的重要节点。港口城市成为对外开放的门户,极大地促进了国际商务、贸易、投资的发展。

在港口、湾区、城市、产业互惠互利的发展中,湾区的开放性作用日益凸显。高水平的开放为湾区内企业迅速消化吸收全球先进的管理理念和商业信息,进而为创新商业模式奠定基础。世界湾区发展的实践表明,湾区特有的开放性(投资、贸易、旅游、文化等)是湾区经济发展的显著特征,也是建设世界一流湾区的重要途径,更是各国湾区的发展目标。故而,湾区经济也因具有沿海、湾区和城市群三种要素而成为开放型经济中的最高形态。

在粤港澳大湾区建设的热潮中,粤港澳居民往来互动日益密切,大湾区正成为全球人流、物流、资金流、信息流最为活跃的地区之一。粤港澳大湾区地处我国改革开放的前沿地带,必将成为新一轮对外开放的重要标杆和窗口。

二、自然区位优势明显

湾区三面环陆,海岸线长,具有"拥海抱湾连河"的复合特征(表1-2),由于毗邻港口,拥有众多发达的港口城市,城市间紧密相连,经济腹地广阔,形成了连片的产业集聚区,创造出"港口群+产业群+城市群"的叠加效应。故而,湾区大多因其自然条件而占据着明显的区位优势。

表1-2 湾区经济的地理特征

湾区名称	拥海	抱湾	连河
旧金山湾区	大西洋	旧金山湾	萨克拉门托河、圣华金河等
纽约湾区	太平洋	纽约湾	哈德逊河、伊犁运河等
东京湾区	太平洋	东京湾	多摩川、鹤见川等
环渤海湾区	渤海	渤海湾	蓟运河、海河、黄河等
粤港澳大湾区	南海	珠江湾	珠江水系
杭州湾区	太平洋	杭州湾等	长江及其支流

如东京湾区沿岸是马蹄形港口群,由横滨港、东京港、千叶港、川崎港、木更津港、横须贺港等六个港口首尾相连,在庞大港口群的带动下,工业沿着东京湾区逐步向西和东北发展,形成了装备制造、钢铁、化工、现代物流和高新技术等产业发达的京滨、京叶两大工业地带。

再如我国浙江大湾区,包括杭州湾、象山港、三门湾、台州湾、乐清湾和瓯江口等六大重点湾区,覆盖杭甬温三大都市区,拥有杭州湾新区、大江东产业集聚区、瓯江口产业集聚区、台州湾循环经济产业集聚区、舟山江海联运服务中心、义甬舟开放大通道等引领经济增长的重大产业平台,从而成为全国第二大湾区。青岛市南区充分利用浮山湾、太平湾、汇泉湾等得天独厚的湾区自然优势,沿海岸线自东向西湾湾相连,集聚高端科研资源等创新要素,科学布局创新链、资本链、产业链,打造区域总部经济中心、国际贸易金融中心、国际航运服务中心、国际交流中心和国际时尚中心"五个中心"。

三、科技创新力量强大

纵观全球,湾区城市在实现自身经济发展的同时,不断吸收先进文化、理念、制度,汇聚最新信息和人才资源,形成有利于创新的发展环境,催生创新业态,培育大批创新成果,成为新技术、新产业、新商业模式的策源地。如美国旧金山湾区专利授权数量占全美专利授权总量的15.2%,涌现出谷歌、苹果、英特尔等一批知名企业,GDP占全美GDP总量的3.43%,共有世界500强企业总部16家;纽约湾区GDP占全美GDP总量的8.36%,共有世界500强企业23家,以银行保险业、金融科技为主;东京湾区GDP占日本GDP总量的三分之一,共有世界500强企业44家,以三菱、丰田、索尼等为代表的机械、汽车、电子产品企业,在科技创新水平方面全球领先(表1-3)。

表1-3 四大湾区科技创新研发水平对比

创新力指标	纽约湾区	旧金山湾区	东京湾区	粤港澳大湾区
世界500强企业总部(个)	17	16	38	17
最具创新力企业(家)	3	8	26	4
研究与试验发展(R & D)投入占GDP比重(%)	3.1	6.1	3.7	2.7
国际专利(PCT)(件)	47 794	59 762	261 308	69 347
世界100强大学(所)	10	5	2	4

资料来源:根据亚洲金融智库的《粤港澳大湾区金融发展报告(2019)》公开资料整理计算而得。

中国粤港澳大湾区的创新力量也正蓄势待发。从深圳的国际科教城,北上到广州大学城,南下是香港大学等"老牌名校",湾区已经初步形成了一条"知识轴带"。如果从深圳蛇口所处的南山北瞰,深圳西丽湖国际科教城、东莞松山湖国际机器人产业基地、广州大学城……创新平台连珠成串,正发出耀眼光芒;从南山南眺,香港大学、香港科技大学、香港中文大学等"老牌劲旅"积累厚重。这条南北向的"创新轴"不断转动粤港澳大湾区"知识链","知识动能"遍布湾区各个角落,形成湾区经济的大型"孵化器",孕育湾区创新的生命力。即便是浮山湾,目前拥有的科技企业孵化器总量就达32个,建成市级以上创新平台105个,获得市级以上科技奖励636项,有效发明专利达3 700件。

四、科技与金融深度融合

资本与技术的有机结合,是产业高速发展的最强动力,它为科技商业化打通了路径,也让资本的逐利性得到最大的发挥。湾区的经济发展得益于金融服务与科技创新的深度融合。旧金山湾区的面积虽然不大(约1.8万平方千米,略大于北京市),却拥有几万家高科技公司,其中不乏世界级科技巨头。湾区周围还有若干世界名校,这些名校先后出过五十余位诺贝尔奖得主,并吸引了全世界比较优秀的一批学生。同时,这里还汇聚了全美40%的风险投资,这些投资与高质量创新元素高频互动、融为一体,让形形色色的奇思妙想有更多的机会变成产品、走向市场、走进人们的日常生活,让苹果、微软、英特尔等企业成长为全球知名企业。旧金山湾区也因此成为全球闻名的以风险投资著称的专业性科技金融中心。如今,随着大数据、云计算、人工智能、物联网等新一轮技术在产业链和创新链的普及应用及风险资本的高密度参与,一批新的科技创新企业已经或正在孵化,成功的企业如脸书等。

纵观世界经济的发展,湾区不仅是科技创新成果应用的先行区,也是创新的温床。当科技创新遇上金融资本,会催生出巨大的化学反应。这两种业态的结合,造就了许多商业神话,为世界各地经济发展提供了良好的借鉴模式。故而,继《规划纲要》提出后,中国人民银行便释放了"继续扩大金融业放开,推动经济高质量发展"的信号(2019年3月24日),助推大湾区金融业放开步伐,提升金融在科技创新、成果转化、转型升级等方面的支撑力。2019年6月5日,创新工场粤港澳大湾区总部在广州正式开业运营,募集25亿元风险资金,皆投资在人工智能、大数据等领域,助力技术腾飞,助推粤港澳大湾区打造国际科技创新中心和全球人工智能应用高地。

五、产业集群发展强劲

世界三大湾区的港口城市遵循"以港兴城、港为城用、港以城兴、港城相长"的发展规律,大力发展临港产业和外向型经济,形成了富有竞争力的产业集群。如图 1-1 所示,纽约、旧金山、东京湾区产业结构对比。

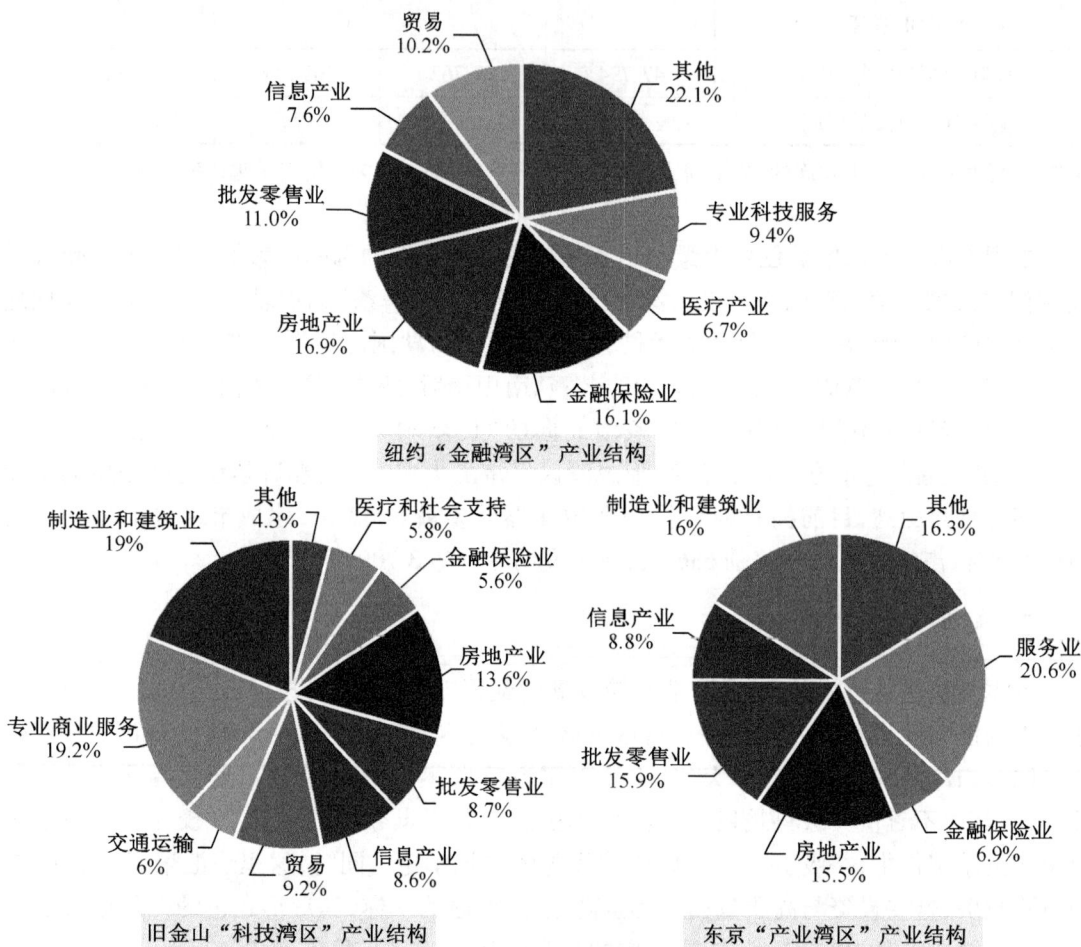

纽约"金融湾区"产业结构

旧金山"科技湾区"产业结构

东京"产业湾区"产业结构

图 1-1　纽约、旧金山、东京湾区产业结构对比
资料来源:亚洲金融智库的《粤港澳大湾区金融发展报告(2019)》

纽约湾区被誉为"金融湾区",湾区内的华尔街是世界金融的心脏,拥有纽约证券交易所和纳斯达克证券交易所。美国 7 家大银行中的 6 家,2 900 多家世界金融、证券、期货及保险和外贸机构均设于此,金融保险产业占纽约湾区总产业的 16.1%,在四大湾区中稳居第一。作为世界金融的核心中枢,湾区内金融业、奢侈品、都市文化等都具有世界性的影响力。

旧金山湾区被称为"科技湾区",拥有举世闻名的硅谷和斯坦福大学、加利福尼亚大学伯克利分校等二十多所著名大学,谷歌、苹果、脸书、甲骨文、英特尔、特斯拉等科技巨头均将全球总部设立于此。湾区因气候环境宜人,集聚世界各地的高科技人才,使得科技迅猛发展。

东京湾区被称为"产业湾区",其沿岸分布的横滨港、东京港、千叶港、川崎港、木更津港、横须贺港六个港口首尾相连,形成马蹄形港口群,年吞吐量超过 5 亿吨。在庞大港口群的带动下,东京湾地区逐步形成了京滨、京叶两大工业地带,钢铁、石油化工、现代物流、装备制造和高新技术等产业十分发达。日本年销售额在 100 亿元以上的大企业有 50% 设于湾区内,三菱、丰田、索尼等一大批世界 500 强企业总部均设立于此。

粤港澳大湾区拥有深圳证券交易所与香港交易所两大证券交易所,香港是著名的国际金融中心,深圳是国内的金融中心;珠江东岸的电子信息产业发达,拥有华为、腾讯等世界著名的 IT 公司;珠江西岸的装备制造业也蓬勃兴起,全球每 4 部智能手机就有 1 部产自东莞……现代化经济体系在大湾区逐渐形成。2017 年以来,随着粤港澳大湾区的发展势头加快,互联网科技、智能制造、科技金融等行业正改变着湾区的创新链和生活圈。2017 年,粤港澳大湾区经济总量已超过旧金山湾区,接近纽约湾区水平,区域港口集装箱吞吐量是世界三大湾区总和的 4.5 倍,湾区总体经济增速保持在 7% 以上。

六、多元文化融合共生

一方面,因为开放性程度高,为湾区多元文化的共生奠定了基础。高水平的对外开放,使得湾区充满了各种机会,吸引着大量外来人口,从而汇集成一个不同于一般内陆地区、开放包容、多级多元的文化群,这不仅进一步促进了湾区的开放,而且也激发着湾区城市的创新发展。另一方面,湾区创新活跃度高,使得多元文化的融合共生既是必须也是必然。所有的创新最初都是一些想法,当人们相互之间能够平等地碰撞各种想法,并互相质疑对方的设想时,创造力就会自然而然地涌现出来。创新需要鼓励、容忍、欣赏新的想法,一个高密度和浓度的创新区域需要多元文化的融合共生,从而容纳不同的视野、想法和背景,以建立起有活力的创新氛围。因此,旧金山湾区的人才并非只来自旧金山地区,粤港澳大湾区同样也吸纳了不少欧美地区的优秀人才。

自古以来,湾区就是当地文明与外来文明的交汇融合区。多元文化共生,成就了湾区兼容并包的文化属性和开放进取的人文精神,也为湾区留下了数量众多、种类齐全的历史文化遗产。在湾区历史发展的进程中,不断演化蜕变出其各自独有的特色文化。如旧金山湾区堪称美国的"民族大熔炉",西班牙后裔、亚裔以及其他许多文化的混合,形成了多元化的高素质人才和劳动力群体,也成就了其在世界经济格局中的重要地位。

七、生活环境宜居宜业

生活环境宜居宜业是世界级大湾区崛起的重要功能因素。一方面,由于湾区"拥海抱湾连河"的特性,水域面积比较大,温差小,形成了宜人的自然环境和优良的生态环境;另一方面,湾区毗邻的港口城市往往是新兴城市,城市规划更加注重以人为本并充分利用滨海优势打造宜居空间,形成了优美宜居的城市环境;再者,湾区内交通比较便捷,高速公路、高速铁路、城市轨道交通网络体系相对发达,港口、机场和各种交通枢纽分布广泛,可有效解决湾区内城际间的运输需求。湾区城市由此对内陆乃至世界资源产生了强大的吸引力,引来世界各地的投资,创造了大量的就业机会。

如旧金山湾区作为美国第五大城市群和高科技产业集聚地区,依然保留着多丘陵的海岸线、海湾森林、山脉和旷野。湾区内快速交通系统总长 167 千米,设有 43 座车站,可有效解决湾区内旧金山、奥克兰、伯克利、戴利城等城市的城际运输需求,此外还有连接旧金山国际机场的机场快速交通、奥克兰国际机场的机场客运。大量高科技人才选择在硅谷工作以及企业选择在当地投资的重要因素之一,就是因为当地提供了优质高效的生活。

粤港澳大湾区战略定位是打造宜居宜业宜游的优质生活圈。《规划纲要》将"绿色发展,保护生态"确定为大湾区合作六项基本原则之一,提出"牢固树立和践行绿水青山就是金山银山的理念,像对待生命一样对待生态环境""使大湾区天更蓝、山更绿、水更清、环境更优美",这些理念和行动是优质生活圈的重要体现。

宜居宜业的环境不仅促进了湾区经济的繁荣,也推动了湾区更高质量的建设,使湾区城市、经济、生活等形成了良性的共生业态。

第二章 湾区经济的内涵及意义、
形成机理和发展模式

第一节 湾区经济的内涵及意义

一、湾区经济的内涵

"湾区经济"一词是由湾区衍生的经济效益而来。湾区经济即以海港为依托,以湾区自然地理条件为基础,由城镇群与港湾地理聚变融合发展形成的、拥有国际影响力的、独特的区域一体化经济形态。这种经济形态是基于湾区地理特征和地域分工的结合,是区域经济与产业集群的融合,被认为是区域经济合作交流的高级形态。开放性、创新性、外溢性、宜居性、网络化、国际化、区域协调是其主要特点。

作为一种独特的经济形态,湾区经济如今已在世界经济格局中占据着重要位置,成为区域乃至全球经济发展的重要引擎,同时也是世界一流城市的显著标志。湾区经济承载着三个层次的城市规划目标,集核心功能区、新兴经济区、跨界协作区于一身,如表2-1所示。

表2-1 湾区经济的三个层次规划目标

	交通优势	城镇布局	生态环境	产业结构
核心功能区	国际经济、物流中枢	空间布局合理,要素自由流动	低碳、绿色环保	高端服务业与信息网络
新兴经济区	交通引导,道路网络与跨江通道建设	新城镇规划与行政中心的调整	注重保持海岸地貌的完整与地质结构的平衡	港口经济圈与新兴产业集群
跨界协作区	跨界基础设施衔接,通关一体化	跨界地区空间合作	生态安全、水气污染监控	CEPA① 主导跨界协作

二、湾区经济的意义

1.湾区经济是全球性市场配置资源的经济模式

湾区经济由港口经济、产业经济和区域经济高度融合集聚而成,湾区拥有全球性的金

---

① 《内地与香港关于建立更紧密经贸关系的安排》,外文名称 Closer Economic Partnership Arrangement,简称 CEPA。

融中心、创新中心、文艺中心,是高端要素集聚与配置的高地。商品、资金、技术、人员等要素的流通,为湾区经济增长提供了强劲动力和广阔空间。

在湾区经济发展的过程中,互联互通已成为一个关键词。资源要素的集聚,使交通、能源、通信、金融等各方面相互联通,既为湾区建设提供了物质保障,也为湾区经济在全球范围内提供了市场与产品,从而使湾区经济成为全球性市场资源配置的一种重要经济模式。

2. 湾区经济将构建全球性开放的经济结构和空间载体

在新的经济形势下,世界各国都在极力促进贸易和投资自由化,推动经济全球化朝着更加开放、包容、普惠、平衡、共赢的方向发展,以形成全球性开放的经济格局。世界级大湾区皆具有开放的经济结构、高效的资源配置能力、强大的集聚外溢功能和发达的国际交通网络,能够形成全球性中心城市,构建城市群的核心空间载体及全球性开放的经济体系和产业体系。

3. 湾区经济是全球性新兴经济体系及产业的集聚形态

现代新兴经济体系是指在特定区域里具备突破存量,具有竞争与合作关系,具有相互关联性的公司企业、专业化供应商、服务性机构等组成的群体。而湾区经济就是全球性新兴经济形态及其产业呈现的组合形态,这成为各国构建现代产业发展新体系的重要举措。如我国青岛湾区正全力推进新兴产业提质升级,为发展现代产业体系增添"核动力"。智能制造、虚拟现实技术(VR)、新能源新材料等新兴产业迅猛发展,无人机、3D 打印、机器人制造已实现产业化。现代金融、商贸服务、现代旅游、商务服务、文化创意等五大产业以占据青岛市 2.7‰的土地面积,实现了青岛市 10% 的经济总量、20% 的现代服务业总量。

4. 湾区经济是全球性物流组织和贸易网络的平台和载体

由于湾区经济发源于港口经济,依托国际贸易,物流组织高效快捷,国际贸易网络完备发达。在全球贸易一体化持续深入和物流无国界的发展趋势下,湾区经济为全球资源的高效配置提供了能够落地实施的高效路径,从而为全球性物流组织与贸易互联互通提供了良好的战略性平台与流动性载体。

5. 湾区经济是汇集并培育全球性核心竞争力的重要极核

湾区经济能够使企业共享区域公共设施、市场环境和外部经济的各种条件,降低信息交流和物流成本,形成区域市场的集聚效应、规模效应、外部效应,提升区域竞争力。湾区因此发展成为极具现代化、国际化特征的大都市、都市圈或城市圈,成为汇集并培育全球性核心竞争力的重要极核。

第二节　湾区经济的形成机理

世界三大湾区的发展表明,形成成熟的湾区经济通常要具备以下条件。

1. 发达的港口城市

发达的港口城市是湾区经济形成的基本单元。城市网络经济理论表明,资源(包括商品、劳动力、资金、信息、知识等)在城市网络中的流动会产生"经济外部性",城市网络中的城市能级越大、能差越小,网络经济效应就越明显。湾区经济之所以具有强大的竞争力,一个重要的原因就是与其他都市圈相比,它拥有多个大能级的港口城市。世界级的湾区经济无不以世界级港口城市为基本单元,例如东京湾区经济核心圈的东京都、千叶县、神奈川县,都是国际级港口城市。

2. 优越的地理条件

优越的地理条件是湾区经济形成的基础要素。与直线形或外凸的弧形滨海地区相比,湾区由于三面环陆,从而形成了"拥海抱湾"的独特地理环境,更适于建造港口。而且湾区的海岸线长、腹地面积广阔,使得湾区能在面积相对较小的空间里孕育多个港口城市,为港口群的形成提供了便利条件。湾区的通道建设,使湾区内诸城市之间的通勤距离缩到更短,从而使整个湾区经济联系得更加紧密,海陆互联互通成为世界湾区的重要特征之一。

3. 产业的集聚扩散

产业的集聚扩散是湾区经济形成的根本动力。随着湾区城市产业的集聚和扩散,城市边缘不断对外扩张,城市之间的分工合作也越来越深入,最终走向一体化的湾区经济。不论是现代服务业占主导地位的东京湾区经济,还是房地产和金融保险业发达的纽约湾区经济,其发展无不经历了工业的持续扩张阶段。至于旧金山湾区经济,也是在20世纪50年代后随着硅谷高新技术产业的快速发展才逐渐形成。

4. 强大的核心城市

强大的核心城市是湾区经济形成的重要牵引力。虽然湾区经济是多核都市圈,但不等于每个城市的作用都是一样的,正如纽约市之于纽约湾区经济、东京都之于东京湾区经济。湾区经济的发展取决于大都市的发展,例如占日本GDP总量三分之一的东京湾区都市圈,便形成了独具一格的"东京模式",即"工业(集群)+研发(基地)"的深度融合,东京湾区也成为制造业基地、金融中心、信息中心、航运中心、科教文化中心以及人才高地,不断提升整个湾区经济的竞争力。

5. 完善的创新体系

完善的创新体系是湾区经济持续发展的引擎。在港口城市发展之初,港口是城市发展的主要动力,但随着城市的持续发展,港口的作用逐渐降低,港口城市持续发展的动力就需要进行转换。只有从要素推动向创新推动转变,城市发展的"自组织"才能得到持续,否则将陷入高雄式的衰退。可以说,湾区经济社会发展的核心驱动力就是创新,创新也是湾区最重要的竞争力。旧金山湾区能成为全球创新中心和高科技产业区的代名词就离不开其所构建的完善的区域创新体系。在经历了港口贸易、工业制造、高端服务的发展阶段后,国际一流湾区已经进入科技创新的发展阶段。

6. 高效的交通体系

高效的交通体系是湾区经济形成的重要支撑。湾区内海陆空交通基础设施齐全,对内连接腹地,对外通向世界。高效的交通体系减少了湾区港口城市之间的通勤时间,使得人们的生活和工作非常便利,信息畅通,也使湾区港口城市联系更加紧密。产业集聚效应和城市网络效应越明显,区域竞争力也就越强。

7. 合理的分工协作

合理的分工协作是湾区经济形成的决定因素。合理的分工协作是避免城市间无序竞争、提升湾区经济竞争力的关键,也是湾区经济形成的标志,发展成熟的湾区经济,无不有着合理的分工协作体系。例如,东京湾区内分布有东京港、横滨港、横须贺港、川崎港、千叶港、木更津港等六个世界级的港口,为避免港口之间出现恶性竞争,政府积极地对各个港口的主要职能进行统筹规划,促进港口分工与合作,形成分工不同、有机结合、协同发展的港口群。

8. 宜人的居住环境

宜人的居住环境是湾区经济形成的重要因素。湾区由于环绕大面积水域,温差小,自然环境也较好,更适合居住。世界各大湾区也都充分利用滨海优势打造宜居空间,这成为人才集聚的重要因素。高科技产业的员工选择在硅谷工作及企业选择在当地投资的重要因素之一就是当地拥有美丽的自然环境所带来的高品质生活。

9. 完善的协调机制

完善的协调机制是湾区经济形成的重要保障。湾区经济一般涉及多个行政区,不论是产业的分工合作、城市基础设施的衔接还是生态环境的保护,都需要区域协调,这就对区域的协调合作机制提出了要求。例如,旧金山湾区是由 12 个郡(县)、众多大小城市组成的大都市区,为解决湾区内各城市之间的矛盾和问题,推动湾区协同发展,旧金山湾区建立了合适的区域治理机制,比如建立旧金山湾区政府协会、大都市交通委员会、海湾区保护和开发委员会以及区域水资源质量控制委员会等专业委员会,负责专项区域的建设和管理,大幅提高了湾区建设和管理的效率。

以上 9 个方面可用湾区经济形成机理的三动力模型予以概括。

如图 2-1 所示,发达的港口城市、优越的地理条件、高效的交通体系、宜人的居住环境都是基础性动力,代表着基础设施资源的驱动。即由基础设施本身对经济活动某要素产生吸引力的特质来决定,深港湾区及周边诸多的港口群、密集的路网、完善的物流基础设施等都是构成湾区经济发展的基础性动力。湾区经济的起步阶段在很大程度上取决于这些基础设施的辐射网络、客货吞吐量规模、高端消费群体等资源的集聚。

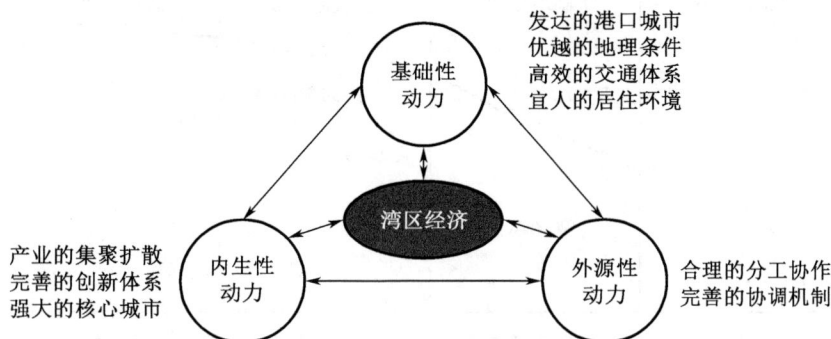

图 2-1 湾区经济形成机理的三动力模型

产业的集聚扩散、完善的创新体系、强大的核心城市是内生性动力,即由湾区经济形态在发展过程中形成的一种内在力量,表现为市场分工、知识共享、规模经济、网络创新、降低交易费用等。从区域经济学的维度来看,湾区经济是具有较强自组织能力的区域,较为完善的市场制度、产业链条以及科技创新力量构成了湾区经济发展的自组织能力。

合理的分工协作和完善的协调机制是外源性动力,代表着外部环境的调控和引导作用,以及某种经济形态发展到一定阶段时某种外力的强大推动作用。外部环境的调控和引导作用突出表现为政府规划、对出口投资领域的引导,外部推动力量主要包括外部竞争、市场兼并整合等。

世界三大湾区都是这几方面的典型代表。旧金山湾区在高新技术产业、国际贸易、旅游等领域都取得了一定的成绩,再加上独特的自然景观、宜居的环境与交通优势,使之成为世界著名科技湾区;纽约湾区是世界金融中心、商业中心及国际航运中心,同时也是世界就业密度最高和公交系统最繁忙的地区;东京湾区集聚了日本三分之一的人口、三分之二的经济总量、四分之三的工业产值,是日本最大的工业城市群和国际金融中心、交通中心、商贸中心、消费中心。近年来,我国也日益重视湾区经济发展,粤港澳大湾区、浙江省大湾区建设持续推进,宁波等城市也提出发展湾区经济的战略构想,湾区经济成为我国沿海城市探索区域合作和战略转型的重要方向与路径。

第三节 湾区经济的发展模式

湾区经济的发展模式可以用阶段性演进、多样化集聚和内外因驱动等几个方面加以总结。

一、湾区经济的发展经历着四阶段演进过程

总体来看,湾区经济的发展与全球经济趋向和产业演进保持同步,大致经历了从"港口经济""工业经济""服务经济"到"创新经济"这四个阶段,如图 2-2 所示。

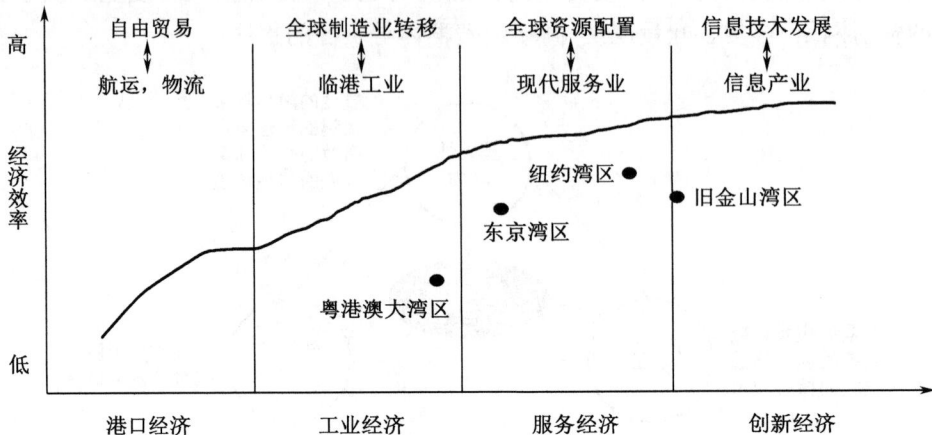

图 2-2 世界湾区经济的演进发展过程

1.第一阶段:港口经济

20 世纪 50 年代以前,由于自由贸易引发航运、物流的兴旺,借助于毗邻港口占据的区位优势,港口经济因此成为湾区经济最初的形态。受制于经济社会和生产力发展水平,当时港口的以装卸运输为主导,对城市经济发展的推动作用比较有限,经济活动范围也局限于港口内部。

2.第二阶段:工业经济

随着全球经济逐渐向工业经济演进,20 世纪 50 年代到 80 年代,对外贸易快速发展,港口功能逐步完善,港口周边区域集聚了大量人流、物流,这对港口城市的发展和兴盛起到了极大的推动作用。加之工业文明的兴起与海洋运输的叠加优势,港口经济活动的范围不断向外拓展,从而带动了临港工业尤其是制造业的崛起,湾区城市也迅速发展成为制造中心。湾区经济逐渐脱离港口经济的基础功能,向工业经济演进。

3.第三阶段:服务经济

随着经济全球化的快速发展,20 世纪 80 年代到 20 世纪末,临港工业和对外贸易催生了一批以广告、产品设计、金融、保险、会计、法律、公关等为主要内容的新兴业态,极大地推动了服务的发展,推动湾区城市由原来的制造业中心向生产性服务如金融中心、贸易中心、信息中心、管理中心等转变。同时,由于污染等原因,临港工业开始出现大规模产业转移,其在湾区城市经济中的比重逐渐下降,湾区经济重心由临港工业转向现代服务业。湾区城市开始掌握金融业等高端资源,成为全球资源配置的核心节点,产业结构也发生了根本性改变。

4.第四阶段:创新经济

20 世纪 80 年代以来,信息产业加速发展,以互联网为代表的新经济迅速崛起。湾区城市抓住新兴产业发展的历史机遇,加快推进以网络服务、创新金融、供应链管理以及商业模式创新等为主要内容的创新经济发展,抢占了产业发展的制高点。信息产业成为湾区的主导产业,并形成区域多中心共同发展格局,经济活动范围拓展到更广区域。

在这一过程中,湾区劳动生产率上升、土地集约度提高,湾区的比较优势产业逐渐从劳动密集型产业向技术、资本密集型产业转移。四大湾区分处于发展的不同阶段,中国的粤港澳大湾区还处于由工业经济向服务经济转型的关键阶段,科技和产业引领作用还没有完全发挥,经济效率有待进一步提升。

二、现代湾区呈现出单极和多中心两种不同的集聚模式

学者张昱、眭文娟和谌俊坤通过实证研究发现,湾区经济的地理集中和产业集聚呈现两种截然不同的特征:单极金字塔结构和多中心网络结构。

1. 单极金字塔结构

东京湾区和纽约湾区是单极金字塔结构的典型代表,尤以纽约湾区单极中心最为突出。这类湾区区域内资源要素高度集中,通常以一个世界级大都市为核心节点,通过发达密集的交通路网与其他城市建立紧密联系,形成大都市圈。如纽约市占据了纽约湾区人口总数的85%和GDP总量的89%,东京都占据了东京湾区人口总数的37%和GDP总量的57%。核心城市由于拥有较为完善的城市功能和产业体系,所以知识、人才与优质企业等高端要素便向核心城市集中,造就其在湾区资源要素配置的中心地位。

2. 多中心网络结构

旧金山湾区和粤港澳大湾区则是中心网络结构的典型代表。这类湾区中存在两个以上经济地位接近但功能定位不同的核心城市,例如旧金山和圣何塞是旧金山湾区的核心城市,其中旧金山市作为商业和文化中心,占据了旧金山湾区人口总数的55%和GDP总量的59%,圣何塞作为科技和创新中心,占据了人口总数的23%和GDP总量的29%。中国的粤港澳大湾区则有广州、深圳、香港、澳门四个核心城市。广州是国际商贸中心、交通枢纽,科技教育发达;香港是国际金融中心,资本实力雄厚;深圳是创客之城,科技金融创新突出;澳门是世界旅游休闲中心,多元文化共存。

多中心网络结构湾区内的核心城市存在错位发展,通过一定的产业分工彼此协作,一般以科技研发、先进制造、现代服务等创新经济为主,产业链条还能辐射到湾区的其他城市,带动区域内城市协同发展,从而形成相互支撑、相互依赖的网络关系。由于天然带有强大的共享基因,多核心城市共同驱动的大湾区比单独依赖某一核心城市驱动在产业升级与分工合作上更占优势,这也意味着从核心城市溢出的高端要素能够更广泛地被周边城市所吸收,为周边城市的产业转型提供更多原动力。

三、跨区域协调机制的构建在湾区经济的发展中起到关键性作用

世界级湾经济的发展经验显示,湾区作为地理资源的产物,是在工业化、全球化和城市化过程中,由政府和市场两大关键要素共同作用的结果。其中工业化推动湾区产业集聚

和转型升级,使之符合市场运作的一般规律;全球化将湾区经济从区域市场带入了全球市场竞争,政府角色日益凸显;城市化则提供了政府引导、规范要素集聚、产业集中的承载环境。

政府和市场的协同是促进湾区要素积累,形成特色优势的前提保障。高效的市场经济体制是湾区经济效率的基本保障,而政府则是湾区经济发展的主动性因素。政府决定制度和政策环境,作为市场之外的"有形之手"对资源要素的配置产生影响,从而为湾区带来超常规发展机遇,或者形成特定约束。政府对制度环境和政策的选择,不仅影响要素的形成积累,也影响湾区工业化、城市化的进程。跨区域协调机制在湾区一体化发展中具有不可替代的关键性作用。跨行政区的协调组织在北美湾区市场融合过程中扮演了主要力量,区域治理机构包括大都市交通委员会等组织推动了旧金山湾区的基础设施建设、市场融合、内外协调、数据统计等工作的开展,为创新经济的发展提供了良好空间,对东亚湾区的进一步开发与发展提供了参考。

第三章　湾区经济的崛起

第一节　湾区经济崛起的原因

所谓"大湾区",其本质就是"城市群"。大湾区的发展历程,就是城市群的发展历程;大湾区的崛起,就是城市群的崛起。湾区经济可以说是当今国际经济发展的新增长点,也是世界一流滨海城市群和经济带的显著标志。据世界银行统计,全球60%的大城市坐落于湾区,湾区经济占世界经济总量的75%。世界三大湾区同时也是世界最著名的三大城市群,以其庞大的经济体量、宜人的环境、包容的文化、高效的资源配置能力成为区域乃至其所在国家的经济中心,强大的辐射能力更是带动了周边经济的发展。因此,通过分析世界三大湾区发展历程,总结其发展经验及教训,可以为我国建设湾区、发展湾区经济提供一定的参考。

一、开放是恒久的主题

现代化和全球化的进程,就是开放的进程。无论对一个城市还是一个城市群来说,开放都是恒久的主题,这个主题对中国的城市发展,又具有尤为重要的意义。随着改革进入深水区,改革进程越来越艰难,往往需要开放倒逼改革。同时,随着劳动力人口红利优势逐渐减弱,面向国内和国际的全方位开放越来越成为中国经济发展的重要动力。世界三大湾区的发展和壮大都是在开放的环境中发生的,而它们之所以成为世界城市群的"金字塔尖",正是因为站在了经济全球化的开放前沿。四百多年前,结束日本战国乱世的丰臣秀吉让德川家康迁到江户,本意是为了限制其发展,但未曾想到东京湾良好的港湾条件恰好迎合了日后经济全球化和自由贸易的大趋势——开放的大趋势。

世界湾区经济的崛起首先是由于经济全球化。最早的湾区经济起源于英国工业革命时期,是国际贸易出现和扩张的产物。因此,形成湾区经济必须以开放为基础,通过优化配置港口资源进一步扩大对外贸易。

构成湾区经济的基本要素主要包括:高度开放的经济体系、资源整合的协同发展、发达高效的基础设施网络、强大的集聚与外溢效应、宜居宜业的城市环境等。各类基本要素叠加,成为湾区经济形成的机理。

在纽约湾区的发展史上,纽约港一直处于关键的地位,而对于旧金山湾区来说,旧金山港更是世界三大天然良港之一。不得不承认,世界三大湾区占据了开放的天时地利。据统计,在全球29个人口超过1 000万的超大型城市中,内陆以农业为主的城市发展起来的只有2个,而临海型城市却有19个。显然,世界三大湾区都具有得天独厚的临海优势,更重要的是,它们利用了这样的优势,至今仍然是全球最开放的经济区域。

二、产业发展为湾区经济崛起提供机遇

湾区历来是世界创新发展的高地,是世界经济发展的重要增长点,更是新技术、新产业、新模式、新业态的策源地。大湾区产业升级是湾区建设的主旋律,正是在产业发展的过程中,先进的生产要素和优秀人才向湾区城市集聚。世界三大湾区都是在临港工业、传统优势产业和新兴产业领域培育了一大批在世界范围内具有较高知名度、较强竞争力的优势企业和品牌产品。而且,产业一旦形成规模,将产生滚雪球式的集聚效应,吸引更多外部资源要素加快集聚,促进内部新生主体快速衍生和成长。

例如东京湾区,上百年的时间让东京向西发展出京滨工业地带,向东发展出京叶工业地带,集中了包括钢铁、有色冶金、炼油、石化、机械、电子、汽车、造船、现代物流等产业,成为全球最大的工业产业地带,同时还拥有金融、研发、文化、娱乐和大型商业设施等,成为世界知名的金融中心、研发中心、娱乐中心和消费中心。

纽约湾区也从制造业中心转型升级,形成以曼哈顿为主的金融商务服务业集群。信息技术革命和跨国公司数量的增长,更推动了纽约湾区国际资本的进一步集聚。

旧金山湾区在高新技术领域成效显著,集聚了苹果、谷歌、脸书等互联网巨头。湾区拥有斯坦福大学等二十多所著名大学,还有硅谷以及多个高新技术产业研发中心和基地,是全美风险投资、创业投资最为密集的地区。同时,旧金山湾区拥有良好的自然生态环境以及和谐的社会、文化氛围,吸引了来自全世界的高端人才和极具创新能力的中小企业。

一个城市或者城市群,在开放的竞争中,靠什么来集聚全球性的资源?纵观全球,经济发达的城市都因拥有强大的产业体系和经济实力而站到世界舞台的中央。产业是城市发展的物质基础和动力源泉,是城市正常运转的关键支撑,在城市发展中起着决定性作用。

三、规划引领为湾区经济崛起提供政策指导

在湾区城市的发展过程中,资源的集聚、产业的发展虽然是一个遵循市场规律的过程,但是规划也发挥着必不可少的作用。

按照经济学家林毅夫的说法,需要有效的市场和有为的政府:市场有效是以政府有为为前提的,政府有为以市场有效为依归,这是有机的两面。

政府的重要作用,就是科学规划,包括规划建设基础设施、产业发展布局等,这需要专业的眼光和能力,更需要高瞻远瞩的战略思维。

世界三大湾区是市场经济最为活跃的区域,它们同时也非常重视规划的实施。

例如,东京湾区内的一都三县,包括若干大城市和中小城市,保持区域建设的长期性和协同性主要依靠规划。在总体规划之下,每个地区也有各自的规划。如千叶县有千叶县的规划,千叶县自身又有临海部与内陆部的规划等,所有规划的衔接都由智库居中协调。

回顾纽约湾区的形成、发展历史,除了优越的自然地理位置,跨行政区域的统筹协调规划也起到了重要作用。如纽约区域规划协会(RPA)对纽约湾区的规划管理,是影响纽约湾区近百年发展的重要因素之一。

旧金山湾区的发展定位,包括硅谷的形成和发展,政府很少干预,但湾区还是建立了一些区域治理机构,帮助协调区域问题,在基础设施、生态保护、空气质量等方面推动区域协

同发展。

借鉴世界三大湾区的经验,要统筹空间规模产业三大结构、生产生活生态三大布局,提高城市工作的全局性和城市发展的宜居性,需要科学而长远的规划。

四、共享湾区为湾区经济崛起提供区域优势

湾区经济的崛起必须依托共享湾区的形成,共享湾区拥有港口密集、产业集聚和城市集聚的特点。港口群的形成离不开共享湾区的发展,有了港口群才会形成产业区和城市群。一个湾区经济的发展必须围绕一个共享湾区来开展,同时,共享湾区必须条件优良,能够建设多个深水港口,拥有先进的集疏运体系,能够满足大型货轮穿行和停泊。

例如,东京湾区就是通过港口协同发展共享湾区实现经济快速发展的。1951 年,日本政府制定了《港湾法》,强化了政府在规划全国港口发展方向的权力。1967 年,日本运输省港湾局提出《东京湾港湾计划的基本构想》,建议把湾区港口群整合为一个分工不同的有机群体,形成"广域港湾",东京湾沿岸六个港口在这一构想的实施下逐渐形成了分工明确的港口群。

共享湾区为湾区的旅游、物流等产业带来了新的活力,有利于湾区内城市的共同协作和资源共享。

五、人才集聚为湾区经济崛起提供智力保障

人才是湾区经济发展的重要保障,而湾区经济的崛起也为人才培养、培训提供支撑。世界三大湾区都有健全的有利于人才集聚的机制,制定了吸引各类高层次人才的政策,营造了良好、便利的工作和生活环境。通过不断优化发展环境以及人才奖励措施吸引高端人才,湾区成为高端人才的集聚地。通过打造高端人才的智力平台,湾区深化了国际人才交流。可以说,世界三大湾区都汇聚了智力资源、人才资源、创新资源,也汇聚了最优质的教育资源、医疗资源、政务资源,其资源配置能力和经验无疑也是最为丰富的。因此,湾区经济的崛起首先应在企业智囊、人才摇篮、人才集聚等方面加强统筹,吸引高端人才,这样才能加快湾区经济的发展。

第二节　湾区经济崛起的本质

一、集聚是湾区城市发展的本质

开放的目的很大程度上是为了汇聚全球性的资源,包括资本、人才、技术等生产要素,以促进城市和城市群的发展。因为,集聚正是城市的本质。

发达城市群的发展经验表明,经济活动所包含的逻辑就是快速集聚、高效流动,然后再集聚、再流动,直至人口、经济和财富在地理上集中到特定区域并实现效益最大化。经济学家周其仁认为,人口集聚推进经济集聚,反过来再刺激人口集聚,这就是城市化的动态进程。

世界三大湾区是最好的例证。依托东京湾发展起来的东京湾区,面积 1.36 万平方千

米,占日本国土面积的 3.5%,GDP 总量 1.77 万亿美元,约占日本 GDP 总量的三分之一。东京湾区拥有全日本三分之一的人口,占据日本三分之二的经济总量、四分之三的工业产值,是日本最大的工业城市群和国际金融中心、交通中心、商贸中心和消费中心。纽约湾区自 19 世纪中期开始逐步发展,如今以其发达的金融业和制造业、便利的交通、高水平的教育和优良的环境吸引了超过 2 020 万人口,被视为国际湾区之首。以纽约来说,780 平方千米的土地上集聚了 1 800 万人口,占全美国 GDP 总量的 10%。至于旧金山湾区,总人口约 777万,陆地面积 1.79 万平方千米,但如果把它视为一个经济体,则可以在全球排名第 21 位,这里有 16 家世界 500 强企业的总部。相较于这些世界大湾区,特别是其中的引擎城市如东京、纽约,中国的大城市和城市群的经济集聚度还远远不够。

集聚给湾区城市发展带来了机遇,包括人才集聚、资源集聚、技术集聚,甚至企业的集聚,世界 500 强企业集聚最多的区域就是世界三大湾区。

二、都市圈规划是湾区经济发展的本质

由湾区的地理构成可见,它们都是由少数中心城市(都市圈)、若干个其他城市和城镇组成的。都市圈与城市的区别在于,前者包括了中心城市及周边与之密切相关的若干城市和城镇,而非行政上的地域单位。由此,大湾区城市群发展规划是由分层、分级的多个规划组成的,这个"组成"是指在区域内各种要素和产业集聚、辐射及融合基础上的再规划,其中都市圈规划是核心。都市圈规划会打破行政区划对经济社会发展的束缚,进而产生积极的作用,如减少土地低效开发、提升中心城市集聚高端要素的功能等。例如,在东京都市圈 50千米半径内,基本上是连成片的,按照这个范围进行(土地)规划,在很大程度上缓解了土地供应和住房供应矛盾,并为高端要素集聚提供了更大的空间。

湾区都市圈规划,具体应考虑三个方面。

一是以市场为主导,完善要素市场,充分明确市场的主体地位;形成多层次的资本市场、人才和劳动力市场、技术市场;通过市场供需调整土地价格,满足企业和产业发展的需求。

二是打破行政壁垒和地方保护。壁垒下的市场竞争必然以寻求地方行政区域内的利益最大化和成本最小化为目标,难免造成区域市场割裂。

三是协调各城市在招商引资、市场准入、户籍制度、社会保障与就业等方面的政策法规,促进城市群内的广泛合作。例如,可借鉴美国和日本的做法,筹划成立相关的政府组织或非政府组织,如日本的都市圈整备局、都市圈整备委员会和美国的纽约区域规划协会、纽约城市规划委员会等,它们是大湾区形成和发展的推动者。还可以比照国际常见的做法,通过建立若干论坛、峰会,加强大湾区各城市在战略、信息和执行层面的沟通与协商。

可以说,都市圈规划的作用都是相对正面的,因为都市圈规划和发展的主导者、行动者本来就是各级政府,唯有在其主导下的激励机制和风险机制才是有效的。进一步强化都市圈的规划作用,并进行必要的调整和重组,可以打造具有国际竞争力的湾区经济。

第四章　城市群的形成、空间结构及演变进程

　　世界顶级城市群大多分布在湾区,全球沿海地区的经济总量和人口主要集中在湾区,湾区已成为带动全球经济发展的重要增长极和引领技术改革的领头羊。

　　世界级城市群有着共同的特点,即高度创新、财富集聚、人才云集、包容开放、交通便捷、生活宜居。从城市竞争的角度来看,世界顶级城市群一定是大城市群,而大城市群的竞争力首看湾区,各国湾区的经济和人口也是最集中的。

第一节　城市群的形成

一、城市群的概念

　　中文"城市群"(城市圈)为中国自20世纪90年代以后常用的地域经济用语。1994年,科学家曾邦哲在其《结构论》中用了"城市群"一词来分析大河流域与湖泊、海岸交汇区域形成的亚文化圈城市网络。他研究的是长江和黄河的上、中、下游城市群,美国的东西海岸线、五湖区与密西西比河流域,以及欧洲的城市群与著名大学网络等地缘文化学。之前,学术界常直接借用日文"都市圈"(都市群)来表示同一概念,日文"都市圈"即英文 Metropolitan Coordinating Region 之含义,而北美地区的 Metropolitan Area 译作"大都会"或"都会区",概念上和"都市圈""城市圈"表示的意义相同或相似。

　　城市群(City Cluster,又称城市带、城市圈、都市群或都市圈等)是指由若干都市区构成,空间相邻和功能紧密相关的巨型城市化区域,是城市发展到成熟阶段的最高空间组织形式。在特定地域范围内,一般以一个以上特大城市为核心,由三个以上大城市为构成单元,依托发达的交通、通信等基础设施网络所形成的空间组织紧凑、经济联系紧密并最终实现高度同城化和高度一体化的城市群体。城市群是在地域上集中分布的若干特大城市和大城市集聚而成的庞大的、多核心、多层次的城市集团,是大都市区的联合体。随着城市之间社会经济联系日益密切,城市群已经成为世界性的地理现象。进入快速城市化阶段的中国,将城市群作为支撑未来发展的主要空间载体和国家参与全球竞争与国际分工的地域单元。城市群的空间结构反映区域资源、要素和社会经济活动在空间中的分布组合关系,城市空间结构分析集中于城市人口和经济规模方面。

　　目前,从全球范围来看,全球人口总数的54%居住在城市,这种趋势依然会持续发展,预计到2045年,居住在城市的人口将会达到60亿左右。全球范围内城镇化的持续发展将会带来一系列挑战:对于住房产生持续性需求;需要更为便利的城市交通网络;需要更多的就业机会以及基础服务等。全球城市群还是应对气候变化的主力军,因为它们每年消耗世

界能源消耗总量的三分之二,温室气体排放量占全球总排放量的70%。因此,各国需要建立更具包容性、更安全、更有强劲增长力和可持续发展动能的城市群。中国城市群目前的整体表现良好,但发展不均衡、不充分,城市发展已经从"中心集聚"进入了"扩散外溢"的新阶段。

城市群是相对独立的城市群落集合体,是这些城市城际关系的总和。城市群的规模有一定的大小,都有其核心城市,一般为一个核心城市,有的为两个,极少数的有三个或四个,核心城市一般为特大城市,有的为超大城市或大城市。

二、城市群的出现

城市群是在城镇化过程中,在特定的城镇化水平较高的地域空间里,以区域网络化组织为纽带,由若干个密集分布的不同等级的城市及其腹地通过空间相互作用而形成的城市区域系统。城市群的出现是生产力发展、生产要素逐步优化组合的产物,每个城市群一般以一个或两个(有少数城市群是多核心的例外)经济比较发达、具有较强辐射带动功能的中心城市为核心,由若干个空间距离较近、经济联系密切、功能互补、等级有序的周边城市共同组成。发展城市群可在更大范围内实现资源的优化配置,增强辐射带动作用,同时促进城市群内部各城市自身的发展。

学者们对城市群概念的表述并不一致,但认识在渐趋统一,即城市群是由很多城市组成的,彼此的联系越来越紧密,共同对区域发展产生影响。城市群是工业化、城市化进程中区域空间形态的高级现象,能够产生巨大的集聚经济效益,是国民经济快速发展、现代化水平不断提高的标志之一。

从概念的起源看,城市群是从"大城市"演化而来的。国际著名地理学家戈特曼于1957年首次借用古希腊语"megalopolis"一词来为城市群命名,而更重要的意义在于:一是超越了19世纪以来城市社会学对"megalopolis"的道德批判语境和价值态度,使一种针对城市群的客观和理性研究成为可能;二是为这个概念赋予了全新的质的内涵和意义,揭示出当今城市从传统的单体城市向城市共同体转型发展的新模式与新形态。进一步说,"megalopolis"既是传统大城市概念的进一步延展,也是人类城市发展的当代模式与最新形态,其最突出的特征在于:这种新型大都市不再是单体城市而是一个城市共同体。就此而言,也可以说"大都市就是城市群"。

第二节　城市群的空间结构

一、城市群的空间结构概念

在全球化背景下,世界成为一个巨大的网络空间,人流、物流、资本流、技术流和信息流等市场资源在全球范围内进行流转和配置,特别是以城市为载体,在全球网络中形成了资源要素配置的诸多节点,并根据影响力大小、联系紧密程度等要素集合成具有等级秩序的世界城市网络体系。

因此,在高速发展的城市化进程推动下,城市群将成为区域空间未来发展的重要生长点。研究城市群空间结构特征有助于人们在更广阔的视野中把握城市的发展,形成合理的区域发展格局,健全区域协调互动机制。

针对处于世界城市体系塔尖的超级城市,目前国际上比较广泛使用的概念有"世界城市(World City)"和"全球城市(Global City)"。"世界城市"的概念主要由英国社会学家弗里德曼提出,他总结了世界城市的主要特征,如全球经济体系的节点、全球资本的汇聚地等,并提出了18个核心和12个半外围的世界城市等级结构和布局。"全球城市"概念的主要提出者是美国学者萨森,她认为全球城市不仅是全球性资源配置的节点,更重要的是全球性生产控制中心,其主要特点就在于它是创造高水平商务服务的最高级场所。通过对比纽约、伦敦、东京三个全球性城市与世界其他主要城市在国际资本和跨国公司方面的情况,萨森提出了信息化时代全球城市控制功能趋于集中的理论。英国学者泰勒等人则在静态分析的基础上讨论了城市的关系和网络特征,提出"世界城市网络(World City Network)"的概念,即一个由枢纽层、节点层、次节点层城市相互连接的城市网络结构,而世界城市则作为这一网络体系中的"全球服务中心"。

二、世界城市发展新趋势

随着经济全球化、技术进步等因素的影响,目前世界城市的发展出现了如下新趋势。

1. 世界城市体系呈现多层次网络化结构

在全球化的背景下,形成了由枢纽层、节点层、次节点层城市相互连接的世界城市网络结构,国际竞争及国家之间的经济竞争更多地体现为依托城市尤其是超级城市进行的相互之间的竞争。

2. 世界城市的控制功能向中心城市集中

在非均衡发展的环境下,世界经济出现空间集中化,促使全球资源向处于全球网络关系枢纽地位的世界级城市集中,枢纽城市在全球资源配置中的控制功能不断增强,成为世界城市网络体系中的"全球服务中心"。某些城市密集地区成长为全球经济体系的重要节点——"全球城市区域(Global City Region)",城市竞争力日益表现为全球资源配置力。

3. 世界城市间的竞争格局处于历史转折点

随着全球经济重心的转移,以中国为代表的新兴经济体迅速崛起并逐渐成为全球经济增长的主要推动者。全球城市体系的等级和格局也在相应地发生重大变化,发达国家的一些大都市地区的扩展逐渐触到上限,发展中国家正在涌现出一批世界级的城市或城市区域,以北京、上海、广州等超大城市或超级城市为动力源的区域创新集聚发展格局加快形成。

三、城市群发展的空间结构特点

单中心城市群是以一个特大城市为核心,周边分布了若干大小相近的中等城市,这些城市又与若干小城市组成紧密联系的空间组织,城市间主要是垂直等级联系,主次分明,核心城市突出,居于主导地位。

多中心城市群是以多个城市共同担当中心城市职能,其他城市围绕在这几个核心城市周围形成复杂的交通网络联系,主从关系不明确,缺乏强有力的层次结构。

例如粤港澳大湾区城市群,其行政区划上包括香港、澳门以及被称为"广东珠三角九市"的广州、深圳、珠海、佛山、东莞、江门、中山、惠州、肇庆(又称"小珠三角城市")。

改革开放以来,小珠三角城市除了城市的中心城区逐渐扩大外,城市下辖的县也逐渐发展为城市,小珠三角城市的行政区划也因此经过了多次重要的调整。

对湾区城市群城市空间结构进行分析,有利于加深对湾区城市群经济空间结构变迁的认识。湾区城市群由单中心变为多中心,会给城市群的长期发展带来挑战。

城市群的形成与发展受地理条件等多方面因素影响,主要有如下方面。

城市群由于具有不同的空间范围和城市数量,因而形成了不同规模的城市群落。从理论上讲,一定空间范围内分布有超过三个以上的城市就能形成城市群,但是在实践中能否成为城市群的关键是在多大的空间范围内和城市间的联系程度如何。城市群的空间范围和城市数量没有固定的模式和要求,适度的空间范围和城市数量对于城市群内部分工和功能完善具有重要作用。城市群的空间范围、城市数量和发展形成主要受地理条件、区位交通、经济水平等因素的影响。一般来说,地势地貌条件越平坦、区位交通状况越优良、经济发展水平越发达,则城市群的空间范围越大、城市数量越多、城市群越容易发展形成。基于这一分析,我国的城市群在东部地区相比中西部地区空间范围更大、城市数量更多、更能够发展形成。不同规模城市群由于地理、区位、交通以及辐射集聚能力的差异,保持相应的城市间距离。

世界城市群发展的空间结构特点如下。

1. 具有良好的地理位置和自然条件

世界城市群都位于适宜人类居住的中纬度地区,并且都处于平原地带。平原地带便于农业耕作、居住和交通往来,因此人口总是向平原集中,导致城市也向平原集中。如日本是一个岛国,平原面积狭窄,仅占国土总面积的24%,最大的平原是东京附近的关东平原,其次是名古屋附近的浓尾平原和京都、大阪附近的畿内平原。日本的人口和经济高度集中于这三大平原地带,在工业化过程中,这三大平原逐渐发展成三大城市群,并且集中了日本63.3%的人口和68.5%的国民生产总值。

2. 具有中枢性支配地位

世界超大型城市群往往都是国家或洲际的中枢,甚至是全世界的政治经济中心,它们常常集外贸门户职能、现代化工业职能、商业金融职能、文化先导职能于一身,成为国家社会经济最发达、经济效益最高的地区,具有发展国际联系的最佳区位优势,是产生新技术、新思想的"孵化器",对国家、地区乃至世界经济发展起到中枢性支配作用。如美国大西洋沿岸城市群是美国最重要的工商业区,其中华盛顿是美国的首都,纽约是联合国总部所在地,表明这一核心区域不仅是美国的政治中心,而且也是世界政治活动的中心地带。

3.具有完整的城市等级体系

城市群是一个巨大的城市群体,不仅拥有数个大型中心城市,而且还有大量的中小城市,是一个包括大、中、小城市和城镇的城市群体。其中,中心城市在城市群的形成和发展中起着核心作用。中心城市是人口与产业集聚的引力中心,世界上已形成的城市群中心城市都是由两个以上大城市或特大城市组成。如美国东北部大西洋沿岸、五大湖沿岸以及西部太平洋沿岸三大城市群都集中了美国的主要大城;日本、英国的城市群也都以首都等大城市为核心。

4.空间体系结构形态大多沿长轴呈带状拓展

世界城市群大多是长轴呈带状拓展,也有呈其他结构拓展的。如美国大西洋沿岸、太平洋沿岸的两个城市群以及日本太平洋沿岸城市群等均沿海岸延伸,呈现出带状的空间结构特点;欧洲西北部城市群则呈现环状拓展。

5.具有发达的区域性基础设施网络

交通运输业和信息产业的快速发展是国外城市群发展的主要驱动力。国外城市群大多拥有由高速公路、高速铁路、航道、通信干线、运输管道、电力输送网和给(排)水管网体系所构成区域性基础设施网络,其中发达的铁路、公路设施构成了城市群空间结构的骨架。不论城市群的空间结构形态如何,城市群总是有一条产业和城镇密集分布的走廊,通过发达的交通、通信网络相连。同时,城市群区域内除城市用地外,还有大片的农田、林地相间,作为获取新鲜农产品、提供游憩场所和改善环境的空间有机组成部分。

第三节　城市群的发展规律和发展趋势

一、城市群的发展规律

世界城市化的一个显著特征表现为:大城市化趋势明显。这种趋势不仅使人口和财富进一步向大城市集中,大城市数量急剧增加,而且出现了超级城市(Supercity)、大城市(Megacity)、大都市区(Metropolitan District)和大都市带(Megalopolis)等新型城市空间组织形式。

伴随一批以集聚城市化为主的超级城市(人口在400万人以上)、大城市(人口在800万人以上)的出现,人口与产业在空间上一方面继续向大城市集聚,另一方面向大城市郊区扩散,从而又形成众多地域相连的大都市区,若干大都市区因地理空间相互毗连,最后连绵组合成大都市带。所以,城市群是由于科技进步、规模经济效益促使产业与人口在空间上集聚与扩散运动的结果,是城市化发展的必然阶段。它是城市化发展到成熟阶段(即地带性城市化阶段)的城市地域空间组织形式,是城市化进入高级阶段的标志。

工业化是城市化的根本动力,工业化带动城市化是世界城市发展中的一个重要特点。尽管"大都市带"或"城市群"的概念出现在第二次世界大战后,但"大都市带"或"城市群"

现象在第二次世界大战前就已出现。工业革命始于英国,因而英国是世界上最早开始工业化和城市化的国家。在工业革命的推动下,英国的城市化进程十分迅速,曼彻斯特、伯明翰、利物浦等一大批工业城市迅速崛起、成长,在伦敦和英格兰中部地区形成了由伦敦、伯明翰、利物浦、曼彻斯特等城市集聚而成的英格兰城市带(或城市群)。此外,随着资本、工厂、人口向城市的迅速集中,在德国的鲁尔地区、法国北部地区、美国的大西洋沿岸和五大湖沿岸等煤田和沿海沿湖地区,都在工业革命中形成了城市密集地区,出现了城市带或城市群现象。

城市群的发展还与世界经济重心的转移密切相关。18世纪后,工业革命使英国成为世界经济增长中心,伦敦和英格兰中部地区形成以伦敦至利物浦为轴线的大片城市带或城市群。到19世纪,欧洲大陆的兴起使西欧地区成为世界经济增长中心。在法国大巴黎地区、德国莱茵—鲁尔地区、荷兰和比利时的中部地区,以巴黎、布鲁塞尔、阿姆斯特丹、波恩等大城市为中心形成了规模大小不等的城市群,并共同组成了"人字形"的发展轴。进入20世纪后,世界经济增长中心从西欧转移至北美。在美国东北部和中部地区形成了波士顿—纽约—华盛顿城市群以及五大湖沿岸城市群。20世纪50年代以后,美国的经济重心向中西部转移,从而推动了该地区城市群的发展,形成了旧金山—洛杉矶、达拉斯—休斯敦以开发高新技术产业为特色的新兴城市群。随着日本经济的崛起以及工业化与城市化的加速发展,在日本东部地区形成了以东京—大阪为轴线的庞大城市群。值得一提的是,进入21世纪后,世界经济增长的重心正向亚洲太平洋地区转移,中国正成为世界经济发展的新增长极。可以预见,21世纪新崛起的城市群将是以上海为中心城市,以上海—苏州—无锡—常州—南京为西翼发展轴,以上海—杭州—绍兴—宁波为南翼发展轴的中国长江三角洲城市群。

二、城市群的发展趋势

世界城市群发展的初期是各国政府为了改善原有单一的中心大城市人口过于集中、交通拥挤、生态环境恶化、失业人口增加而将产业和人口向大城市周围的地区扩散,采用城市群布局方式在地域上组成一个相互关联、相互依赖的城市群体。这种城市群体随经济发展而逐步演化成巨大的城市化地带,并以其独有的集聚优势,对一定区域乃至一国的经济发展起着不可替代的重要作用。

尽管如此,这种巨大的城市化地带也会导致国家经济、人口和产业过于集中于某一地带,而相应地带来一系列弊端。突出表现为:区域生态平衡遭到破坏;加剧区域经济发展失衡与区际差异扩大;城市基础设施的连续扩张吞食了大量良田;企业外迁造成当地政府财税锐减,中心城市渐趋衰退等。

针对上述问题,从20世纪60年代末开始,许多发达国家在国土规划上开始重视城市群区域的良性持续发展,并相继采取了一些应对之策,主要有:

第一,控制大城市人口的过度膨胀。如法国为控制巴黎地区人口的膨胀,在全国范围内确定了八个平衡性大城市来促进人口的合理流动和全国经济的均衡发展。

第二,重视落后地区的发展。如英国积极培植新的区域增长极以带动落后地区的发展。

第三,重视克服环境污染。如日本为了根除太平洋沿岸严重的环境污染,重新调整工业布局,将一些大型工业基地转迁至东北、西北地区,以新干线、高速公路和现代通信网络将其与大城市连接起来。

第四节　城市群的空间结构发展演变进程
——以粤港澳大湾区为例

粤港澳大湾区城市群空间结构变迁,经历了以下几个阶段。

1.1978 年改革开放以前,港澳地区与内地的经济联系主要表现为零星的货物贸易,港澳与小珠三角城市的经济联系密切程度较低。小珠三角城市内,1978 年广州的 GDP 为 47.8 亿,第二名江门仅为 14.32 亿,广州处于绝对中心的地位。由于改革开放前经济不发达,因此小珠三角城市的经济联系薄弱,城市群未发育成型。

2.1978 年改革开放以后,小珠三角城市作为改革开放的前沿阵地,成为吸收港澳资本进入内地的蓄水池,香港的制造业迅速转移到小珠三角城市。

小珠三角城市利用自己的地缘优势、侨胞资源和先发优势,积极吸收国外、港澳的技术和资本。小珠三角各城市发展条件、发展基础和发展机遇的不同,导致各地区工业化进程不同,城市化发展程度也不尽相同。粤港澳大湾区城市群城市按人口规模分类(1990—2015),如表 4-1 所示。

表 4-1　粤港澳大湾区城市群城市按人口规模分类(1990—2015)

年份	规模									
	>500 万		100 万~500 万		50 万~100 万		20 万~50 万		合计	
	城市/个	人口/万人	城市/个	人口/万人	城市/个	人口/万人	城市/个	人口/万人	城市/个	人口/万人
1990	1	570.0	1	291.4	0	0	19	397.1	21	1 258.5
1995	1	631.0	1	316.7	1	69.6	28	642.6	31	1 659.9
2000	2	766.4	3	878.0	0	0	24	431.5	29	2 075.9
2005	2	1 298.6	4	784.6	3	228.4	8	325.6	17	2 637.2
2010	2	1 355.1	7	720.1	8	545.3	5	94.6	22	2 715.1
2015	2	1 584.2	8	1 603.9	10	707.8	5	169.0	25	4 064.9

数据来源:小珠三角城市数据源自《广东统计年鉴(1990—2015)》《中国城市统计年鉴(2008—2015)》,1990—2007 年的是城市非农人口数据,2008 年后为户籍人口数据;港澳人口数据来自世界银行数据库。

由上表可以看出,湾区城市群城市数量、大城市个数发生了巨大的变化:首先,城市数量急剧变化,行政区划调整幅度较大;其次,各城市规模结构也发生了巨变,城市规模等级不断提高。

同时,粤港澳大湾区城市群经济呈现出明显的东重西轻的特点。以广州作为中心点,湾区东部城市有香港、深圳、东莞、惠州;湾区西部城市有珠海、江门、中山、佛山、肇庆、澳门等,主要表现在 GDP 总和的增速上。1979 年,东部 GDP 总和达 227.7 亿美元,西部仅为 28.74 亿美元;2015 年,东部 GDP 总和达 7 358.1 亿美元,西部 GDP 总和达 3 107.1 亿美元,仅为东部城市的一半。

与其他多中心、单中心城市群的区别在于,香港、广州、深圳存在着政治、经济制度的不同。香港回归后实行的是资本主义制度,广州、深圳在社会主义制度下逐步完善市场经济体制。经济制度上的巨大差异,使香港作为中心城市拉动小珠三角地区经济增长时,一直存在着区域整合的难题。两地劳动力、资本、技术要素的自由流动均存在着不顺畅的情形。2003 年 CEPA 签订后,香港与内地的经济联系得到加强,商品零关税、贸易自由化、资本自由流动的统一市场建设提上日程。在香港作为湾区城市群中心的情形下,小珠三角城市发挥比较优势,承接来自香港地区的技术、资本溢出,发展本地经济。在多中心的情形下,各中心城市之间存在着技术、资本的交流;各中心城市的周边区域需要承接来自本中心城市的技术、资本溢出,也可能受到更远的中心城市的影响。小珠三角城市的经济增长既是源于香港、广州、深圳的产业疏散,也是政府有意识培养内生增长动力的结果。

从单中心到多中心,给粤港澳大湾区城市群带来了更多的挑战。

首先,广州、深圳、香港作为湾区城市群的中心城市,存在着同质化竞争的问题。在提供专业化服务方面,特别是建设金融中心方面尤为明显。

其次,湾区城市群空间功能整合存在着一些障碍。空间整合是城市群经济发展的核心问题,空间整合对于要素的自由流通具有重大意义。

因此,粤港澳大湾区的建设一方面肩负着成为中国新一轮经济增长的引擎,另一方面又与世界其他湾区和城市群共同应对全球化挑战的双重使命。粤港澳大湾区在吸引国际高度关注的同时,其与世界其他湾区的互动是与化解经济全球化之下的各种矛盾与问题、全球治理体系面临的诸多冲击并行推进的。

第五章 世界三大湾区的基本概况和发展特征

第一节 世界三大湾区在全球经济发展中的地位

全球经济体量最大,并且已经形成规模效应的三大湾区分别是纽约湾区、旧金山湾区和东京湾区。这三大湾区城市水平程度高、环境优美、文化底蕴深厚、交通快捷、经济发达,是拉动其在大区域经济发展的核心动力源,也是拉动其所在国家整体经济增长的重要引擎。目前,这三大湾区在全球发展中占有重要地位。

一、全球经济总量密度最高、经济效益最优的区域

从世界版图看,全球 60% 的经济总量集中在入海口,75% 的大城市、70% 的工业资本和人口集中在距海岸线 100 千米以内的湾区海岸带。全球最发达的城市大都位于湾区,在世界排名前 50 的特大城市中,湾区城市占 90% 以上,湾区已经成为全球城市经济总量密度最高的地区。从经济效益来看,湾区在推进经济高质量发展上发挥着引领作用。

二、全球开放程度最高、经济活力最强的区域

纽约湾区、旧金山湾区以及东京湾区分别成为美国、日本吸引国际投资和开展国际贸易的重要桥梁。特别是纽约、旧金山以及东京地区一直走在全球经济开放最前沿,是高水平参与国际经济竞争、国际经贸合作和国际经济治理的经济活力最强区域,这三大世界级湾区成为带动本国经济乃至全球经济发展的最重要增长极。

三、世界顶级湾区

三大湾区具备合理的产业分工、法制约束、产权保护、环境治理以及高度发达的对外贸易,充分利用独特的"拥海抱湾连河"的地理优势,形成了"港口群 + 产业群 + 城市群"的叠加效应,通过不断拓展周边腹地,建成了国际金融、航运、贸易、创新和先进制造业中心。三大湾区处于国际一流水平,属于世界顶级湾区,是都市圈的超级巨无霸,其发展历程为各大湾区的建设提供了宝贵的经验。

四、引领全球化治理模式

三大湾区以特殊的历史文化及区位优势,以全球化包容性增长为新的站位,倡导全球化治理新模式。三大湾区由本国经济发展引擎、本国人才聚集地、科技与金融中心、都市圈,逐步发展为全球经济发展的引擎、汇聚全球人才的聚集地、全球创新创业的活力区,引

领全球化治理模式。

五、技术创新以及技术变革的领头羊

三大湾区作为最具创新性的经济体系之一,拥有强大的资源集聚能力和高效的资源配置能力,形成多要素、多产业创新融合的优势,引领全球新产业、新业态、新模式,是培育科技创新、拉动经济增长的最重要力量。

第二节　世界三大湾区的基本概况

一、旧金山湾区

旧金山湾区是指美国加利福尼亚州北部西海岸,占地 1.79 万平方千米,拥有 101 个城市,总人口数 777 万(2018 年统计),是继纽约、洛杉矶、芝加哥、休斯敦之后的美国第五大都市区。旧金山湾区以环境优美、科技发达著称,区内包括旧金山、阿拉米达郡、康特拉科斯塔、马林、纳帕、圣马刁、圣克拉拉、索拉诺、索诺玛等 9 个郡(县),而且包括从就业、交通等方面与湾区 9 郡(县)联系紧密的圣华金、圣塔克鲁兹、圣贝尼托等 3 个郡(县),主要城市有旧金山、圣何塞和奥克兰。其中,北湾是著名的酒乡和美食之都;旧金山是政治、金融、文化教育中心;东湾以奥克兰为代表,是港口和工业中心;半岛是湾区房产最热门的区域;南湾以圣何塞为代表,依托高科技产业带动金融、旅游及服务业的发展壮大,硅谷更是享誉全球。

从历史上来看,旧金山湾区经历了几次重要转型。1848 年到 19 世纪 70 年代,以淘金热为契机,旧金山湾区逐渐发展成为湾区制造业中心,同时发展金融业。19 世纪 80 年代到第二次世界大战,旧金山湾区步入后工业发展时期,进入成熟期。伴随着硅谷迅猛崛起,旧金山湾区以硅谷高科技研发为特色,大力推动创新经济,逐步形成"科技湾区"。目前,旧金山湾区汇集了斯坦福大学、加利福尼亚大学伯克利分校等二十多所世界知名大学,谷歌、苹果、脸书、甲骨文、英特尔、特斯拉等科技巨头的全球总部落户于此。旧金山湾区拥有良好的自然环境,以环境优美、科技发达著称。高科技的发展需要依靠人才,而人才喜欢集聚在气候环境及生活条件优越的湾区。旧金山湾区因气候环境宜人,集聚了越来越多的高科技人才,使得科技发展迅猛,旧金山湾区也因此被称为"科技湾区"。

据 2018 年统计,旧金山国民生产总值达到 0.78 万亿美元,湾区内的世界 500 强企业总部数量为 16 家。虽然该湾区的主要产业囊括了房地产业、金融保险业、制造业和信息产业等,但最令人瞩目的还是其高超的科研创新能力。

二、纽约湾区

纽约湾区位于大西洋西岸,它由纽约州、康涅狄格州和新泽西州等 31 个郡(县)联合组成,该湾区核心城市是纽约,次中心城市包括波士顿、费城、巴尔的摩、华盛顿,加上周边四十多个中小城市,形成"中心城市—次中心城市—中小城市"的塔尖形格局。纽约湾区面积达2.15 万平方千米,人口 2020 万(2018 年统计),占美国总人口的 20%。其发展可以追溯

至 19 世纪 60 年代,1860 年成为国内制造业中心,形成了以制糖、轻工和服装业为主要支柱的产业格局。第二次世界大战后,纽约制造业进入衰退期,大量工厂关闭或搬迁,随着郊区化发展,各大公司总部也纷纷外迁。1975—1976 年财政危机后,第三产业特别是生产服务业开始迅速崛起,至 20 世纪 90 年代由制造业经济转型为服务业经济。纽约湾区具有分工明确的港口,是美国第一大港口城市、港口贸易中心。依托美国第一大港口城市,纽约湾区抓住第二次工业革命的机遇,利用资本优势推动钢铁、能源等机械电气产业大并购,通过不断强化金融中心地位驱动产业发展,推动纽约湾区成为世界金融的核心中枢以及国际航运中心。信息技术革命和跨国公司的增长推动国际资本进一步向纽约等国际城市集聚,曼哈顿成为世界最大的中央商务区(CBD),是美国经济和文化的中心。华尔街是世界金融的心脏,全球银行、保险公司、交易所及大公司总部云集,美国 7 家大银行中的 6 家,2 900 多家世界金融、证券、期货及保险和外贸机构,如花旗银行、纽约证券交易所、纳斯达克证券交易所、美国证券交易所、高盛、摩根斯坦均设于此。金融保险产业占美国 GDP 总量的 16.1%,在几大湾区中稳居第一,因此纽约湾区亦被誉为"金融湾区"。湾区内奢侈品、都市文化等都具有世界性的影响力,服装、印刷、化妆品等产业居世界首位,机器、军工、石油和食品加工也占据重要地位。纽约湾区已被视为国际湾区之首。

除此之外,总面积 57.91 平方千米的纽约 CBD 还集中了百老汇、华尔街、帝国大厦、格林威治村、中央公园、联合国总部、大都会艺术博物馆、第五大道等著名人文景观。纽约 CBD 是世界上就业密度最高的城市,也是公交系统最繁忙的城市,旅客量近 3 000 万/天。纽约湾区有 58 所大学,其中有两所世界著名大学。2018 年,纽约湾区 GDP 总量约 1.66 万亿美元,GDP 增速 3.5%,人均 GDP 约为 8.2 万美元,地均 GDP 每平方千米约为 0.77 亿美元。GDP 全国占比 8.88%,世界 500 强企业有 17 家公司总部设在该湾区。

三、东京湾区

17 世纪初,日本的政治中心从关西地区转移到了关东地区,江户(即东京)逐渐成为日本新的经济中心,东京湾也由此得到了开发。18 世纪时,江户已经得到了进一步的发展,人口已达百万,经济规模不断扩大,并已成为全国范围内最具消费潜力的市场。现在的东京湾区是全球最大的工业产业地带,也是世界知名的金融、研发、娱乐和消费中心。

东京湾区是指位于本州岛中部太平洋海岸,以东京为中心,以关东平原为腹地,纵深 80 余千米,加上东西两侧的房总半岛(千叶县)和三浦半岛(神奈川县)区域。作为第一个主要倚靠人工规划、填海造田而缔造的湾区,东京湾区包括了东京都、埼玉县、千叶县、神奈川县等一都三县,总面积为 1.36 万平方千米,占日本总面积的 3.5%,沿岸横滨港、东京港、千叶港、川崎港、木更津港、横须贺港六个港口首尾相连,形成马蹄形港口群,年吞吐量超过 5 亿吨。东京湾区逐步形成了京滨、京叶两大工业地带。20 世纪 60 年代,日本政府将原有的重化工业和制造业向横滨县与千叶县迁移,形成京滨、京叶工业带,东京市集中发展金融服务、对外贸易、高端技术等高附加值产业,京滨、京叶工业带承接重化工、装备制造、机械设备等劳动、资本密集型产业,形成东京都市圈第一次产业分工格局。随着东京都人口集聚和城市规模扩张,以及京滨、京叶工业带产业升级的需要,20 世纪 90 年代开始,日本政府利用交通规划、新城规划和产业规划同步的形式再次对东京都市圈产业结构进行调整,在东京都周围形成规模不一的现代服务功能区,包括中心商务区、特色功能型新城、城市副中心新城和居住新城。确定了东京都市圈地域产业分布的基本结构,即以东京为政治、金融、科技中心,重点发展创新与服务经济,多摩地区发展商业、科技产业;神奈川县发展港口贸易、科技研发、商业;埼玉县成为居住生活和商务集聚区;千叶县发展空港经济和国际物流;茨城县南部重点集聚大学及科研机构。

依托东京湾区发展起来的东京大都市圈,包括东京、横滨、千叶等几个特大城市及川崎、君津等工业重镇,在国际市场上极具竞争力。东京湾区聚集了日本三分之一的人口、三分之二的经济总量、四分之三的工业产值。

第三节　世界三大湾区的发展特征

一、世界三大湾区的发展阶段

世界三大湾区从发展历程来看,都经历了港口经济、工业经济、服务经济、创新经济四个阶段。

1.港口经济发展

在港口经济阶段,湾区主要依托港口的功能进行货物中转运输,并带动直接服务于港口的装卸、仓储、运输和修理等行业。该阶段主要的发展特点是经济形式比较单一,辐射影响范围也仅局限于港口及附近区域,对城市经济发展的推动和带动作用并不明显。

2.工业经济发展

在工业经济阶段,港口功能和地位进一步提升。一方面发展与港口相关的产业,如港口物流、货运代理、船舶服务等行业;另一方面还发展需要港口作为支撑的临港制造业,如重化工、海洋装备制造、钢铁造船等行业,这些极大地推动了临港工业的集聚发展,湾区逐步发展为制造中心。

3.服务经济发展

随着经济全球化的快速发展,一方面由于传统临港工业能源消耗大、污染严重,三大湾区开始出现大规模产业转移和外溢;另一方面由于航运服务业附加值高,服务半径长,不受空间限制,因此三大湾区都大力发展服务经济,传统工业比重逐渐下降。依托临海临港的区位优势,湾区对外贸易快速增长,金融、法律、保险、传媒等现代服务业开始集聚发展,推动湾区由制造业中心向生产服务中心转变。

4.创新经济发展

随着新一代信息技术的突破,互联网、通信技术、生物医药等创新经济快速发展,涉及计算机、通信、互联网、新能源等多个产业,一批以苹果、谷歌公司为代表的高新科技企业快速崛起。湾区通过打造科技创新中心,充分发挥对全球创新要素的集聚功能、全球创新资源的配置功能、全球科技创新策源地功能、创新驱动转型发展的引领功能,积极抢占产业发展的制高点。

二、三大湾区目前的发展特点

1. 第三产业占绝对比重,且海洋经济、金融业均较发达

三大湾区第一产业比重接近于0,第三产业占比均在82%以上,同时三大湾区内金融业以及相关金融服务业均较发达。2012年,东京湾区、旧金山湾区、纽约湾区的全球金融中心指数分别为722,711,786,排名均较高,处于世界领先地位。三大湾区都位于海边,拥有发达的港口城市,因此都积极发展港口海洋经济。

2. 产业科技含量较高,有比较完善的创新体系

三大湾区集中了大量世界名校,拥有较多的有研发能力的大企业和科研机构。在逐渐打造完善区域创新体系的过程中,首先,积极促进湾区内产学研的合作,注重将科研成果转化为现实所需所用,在高校和企业之间建立合作平台,促进科研项目合作,政府在其中扮演着牵线和协调的角色;其次,注重竞争型创新体系的建立;最后是鼓励大型企业深入开展研发,为湾区内高校、企业和科研机构增加研发经费。

3. 配套设施完善,城市交通便利,宜居宜业

湾区内交通高效便捷、覆盖面广,通过水运、空运、高铁、城际铁路的立体复合式交通网络改变了空间结构,促进了湾区要素的集聚与扩散,减少了湾区港口城市之间的通勤时间,能够合理解决湾区内各城市的连接和交通出行问题。另一方面,湾区注重城市环境保护,发展经济的同时注重环境质量的提升。湾区均位于海边,气温变化较小,气候宜人、环境优美,城市宜居宜业。

4. 具有开放的经济结构

三大湾区国际化水平高,湾区城市往往拥有较多的移民,可孕育出开放包容、多极多元的移民文化。高度开放包容的社会环境吸引了众多高学历、高素质人才,人口移民较多的纽约湾区,外籍居民约占纽约总人口数的40%,旧金山湾区也被称为"民族大熔炉"。

5. 高效的资源配置能力

资源配置是指用有限的资源形成一定的资金结构、产业结构、技术结构和地区结构,获得一定的经济效益和社会效益。资源配置的目的是满足人们的需求。任何社会,相对于人们的需求,资源总是稀缺的,所以高效地配置资源,始终是经济学研究的核心问题。三大湾区充分发挥市场资源配置的主导功能,通过市场配置让资源得以高效利用。但市场对资源的配置并不是万能的,市场失灵和市场缺陷都影响着市场对资源的合理配置和有效使用。因此三大湾区都借助政府从全社会的整体利益出发,介入资源配置领域,实现湾区资源配置的高效、优化。

6.具有强大的产业集群及集聚外溢功能

世界三大湾区的港口城市遵循"以港兴城、港为城用、港以城兴、港城相长"的发展规律,大力发展临港产业和外向型经济,形成了富有竞争力的产业集群。如旧金山湾区为电子、软件、信息科技和互联网产业的集中区;纽约湾区内全球银行、保险公司、交易所及跨国公司云集;东京湾区内汽车、钢铁、装备制造、石油化工等产业集聚。

第六章 纽约湾区城市群的
发展路径分析

第一节 纽约湾区的发展概况

一、纽约湾区城市群的形成与发展

城市化作为世界历史进程中的重大历史现象,有其自身的规律可循。各国的城市化一般经历从"传统城市化"到"新城市化"两个阶段。"传统城市化"相当于城市发展的初期和中期,主要特征是人口和经济活动由农村向城市集中;城市规模由小到大,逐级递进;城市空间布局以单核或者单中心为主。在"新城市化"阶段,人口和经济活动出现相对分散化的趋势,郊区或城市外围地区逐渐反客为主,成为带动区域发展的主导力量,进而形成具有包括核心区和边缘区在内的大都市圈(城市群)。

纽约湾区城市群的形成正是体现出这一规律的典型,其形成大致可以分为以下三个阶段。

第一阶段:1626—1820 年,为形成和初创时期。借助贸易活动的开展,围绕曼哈顿岛最南端,逐渐形成了现今纽约的核心区。

第二阶段:1820—1920 年,为快速城市化时期。在交通革命和工业革命的影响下,围绕曼哈顿岛南端核心区城市规模不断扩大,向北部不断扩展,1900 年实现了曼哈顿全岛的城市化;向周边发展,1898 年曼哈顿与布鲁克林、皇后区、布朗克斯、史丹顿岛完成合并,形成纽约市五大行政区;以纽约为中心,与周边的新泽西州、康涅狄格州部分县市形成自然分工。

第三阶段:从 1920 年至今,为大都市区化时期。纽约与周边大都市区城市群加强了规划合作,先后提出四次规划,致力于将纽约湾区建设成为平等、共享繁荣、健康、可持续发展、宜居的大都市区。

1.1626—1820 年:形成与初创时期

早在 1626 年,荷兰人便在曼哈顿岛的最南端建立了殖民地,把这里叫作新阿姆斯特丹。最初是荷兰西印度公司在此垄断经营,人数很少,发展很慢。1638—1639 年,西印度公司宣布放弃在这一地域的航运和商贸活动垄断经营权,转向殖民地的管理和行政事务,当地人口数量才开始有所增长。1640—1644 年,其居民人数从 400 人增长到 1 500 人。1664 年,英国接管新阿姆斯特丹后,将其改名为纽约。

纽约利用其处于北美殖民地中心的有利位置,大力发展中转贸易,城市人口和经济开始得到一定的发展,到 1700 年居民人数约为 5 000 人。这一时期,纽约的腹地仅仅是从长岛和哈德逊河流域到奥尔巴尼(今纽约州首府)的一段河谷。随着贸易活动的开展及在英法战争中为军方提供物资,1750 年,纽约人口达到 1.3 万人,1770 年进一步增加到 2.2 万人。之后,纽约通过从易洛魁人那里收购土地,并在独立战争后,利用易洛魁人战败,进一步获得割让土地,使纽约州的面积得到了极大的拓展,拥有了广阔的地域。

随着更多移民的到来,1810 年纽约人口达到 9 万,市政规划迫在眉睫。1811 年,纽约市政厅不失时机地推出了一份影响深远的和谐发展规划,此规划范围覆盖当时还有大片荒地的曼哈顿全岛——除了旧城区外,南北 15 千米的土地被 12 条纵向的大道和 152 条横向的街道划分成一个个长方形的片区,并以街道的顺序为每条街命名,这构成了纽约今天的基本城市格局。1820 年,纽约人口达到 12.3 万,成为 19 世纪初美国第一大城市和第一大港口。

2. 1820—1920 年:快速城市化时期

随着 1825 年伊利运河的全线开通,五大湖区的产品也通过纽约运往各地,纽约的人口进一步增长。1851 年,伊利铁路通车,与伊利运河形成了互补,同年纽约哈德逊铁路又向西延伸,使纽约拥有了两条通向西部的铁路。1883 年,布鲁克林大桥建成并正式交付使用。20 世纪初,合并不久的纽约五个行政区致力于在大都市区内建立更快捷的交通网络——1900 年,纽约地铁破土动工,覆盖范围逐渐扩展。1907 年曼哈顿大桥、1909 年皇后区大桥、1910 年长岛铁路隧道先后开通,区际交通更加便利,极大地拓展了城市空间。

在 19 世纪 20 年代,工业部门的生产很大程度上服务于航海贸易,面粉制作、炼油、制糖、酿酒、造船等仍占据重要地位。但在接下来的数十年间,本地市场的发展和大陆市场的需求促进了与港口活动没有直接关系的其他产业的发展。1860 年,80% 的工人从事成衣、印刷、出版、土木、小型冶金以及一些与对外贸易毫不相干的职业。地区工业化水平的进步,包括更广泛地使用蒸汽机、更流行的工厂制等,使农村人口纷纷来到城市就业和生活,再加上外来移民,城市人口迅速聚集。1830 年,纽约和布鲁克林的人口还只有 22 万,到了1860 年达到了 100 万,1890 年更达到 250 万,1898 年五区合并后,纽约成为排在伦敦之后的世界第二大城市,人口超过 340 万。纽约地区城市化迅猛发展,城市化率创历史新高。

在交通革命和工业革命的推动下,与城市化并行的是纽约与周边地区分工合作的加强。作为传统贸易枢纽,曼哈顿集中提供贸易和金融服务,金融、保险业迅速发展,同时作为 19 世纪美国制造业中心,纽约在服装、印刷、制糖、制革等行业中,拥有最为先进的机器和技术。为了满足国内外市场的巨大需求,更好地发挥其在分销、零售中的作用,纽约湾区充分利用土地价格、水力资源等方面的优势,联合周边地区进行生产,从而开始了纽约湾区各州县的自然分工。除了成衣、印刷、出版行业以及烟草、家具、乐器生产等工业,曼哈顿还具有信息传播的巨大优势,80% 的劳动力分布在此,其他诸如皮具、纺织和铁路建设等行业的劳动力更多地分布在环纽约工业带中。例如,1873 年,缝纫机生产商胜家从曼哈顿撤离,搬至新建于新泽西州伊丽莎白港的厂房中,在这里工厂日生产能力提高到 1 000 台。坐落在布鲁克林的工厂有为联邦海军生产装甲板的钢铁厂、市内最大的炼糖厂、生产煤油的炼油厂、啤酒厂等,约有 5 万名工人在此生活。布鲁克林在 1898 年并入纽约前就已经是当年美国的第三大城市。

1880 年,美国联邦人口统计报告中提出:"在处理纽约、布鲁克林、泽西市、纽瓦克和霍博肯五个城市的庞大人口群体时,很自然地并不止于把它们看作五个不同的行政城市,而是作为同一个大都市群体看待。"鉴于城市化逐渐呈现新的模式,由中心城市发展占主导地位转向中心城市和郊区共同发展。从 1910 年开始,美国在人口统计时开始使用"大都市区"概念。纽约地区在 20 世纪初期成为美国最大的大都市区,地域空间跨越纽约、新泽西和康涅狄格三个州的多个县市,区域影响以曼哈顿为核心向周边地区辐射,形成迫切的区域协调要求。

3. 1920 年至今:大都市区化时期

1920 年,美国人口有 51.2% 居住在城市,标志着美国第二阶段的城市化进程已经完成,开始进入城市化的第三个阶段——大都市区化。作为美国最大的大都市区,纽约都市区在跨地区的通勤交通、区域资源共享、基础设施服务等领域都需要统筹协调。纽约湾区的规划管理可以概括为多方联合、重点部署、基建联通,由区域委员会和大都市圈规划组织(MPO)分别负责经济发展和交通建设的协调规划工作。实际上,具体的规划工作是由两个区域规划机构来完成的:一是得到州立法授权的跨州准政府机构——纽约港务局(1972 年更名为纽约—新泽西港务局);另一个是非政府规划机构——纽约区域规划协会。

纽约港务局成立于 1921 年。为避免新泽西州和纽约在哈德逊河口港区恶性竞争的局面,双方在 1917 年成立"纽约和新泽西海港发展委员会"研究港区发展和合作事宜,经协商,于 1921 年 4 月 30 日正式建立纽约港务局这一跨州公营部门,对以自由女神像为核心,直径 40 千米,面积约 3 900 平方千米范围的港区进行统一规划管理。

纽约港务局在财政上自给自足,可以"购买、建设、出租和经营站场和交通设施"并"收取相应费用",还可以发行债券募集建设资金。在成立后的数十年内,港务局规划建设了一系列重大交通工程,涉及港口、桥梁、公共交通、机场等,为纽约湾区内各城市之间建立快捷的交通网络奠定了坚实的基础。这些工程有:乔治·华盛顿大桥、林肯隧道、荷兰隧道、韦拉扎诺海峡大桥、纽瓦克机场、肯尼迪机场、拉瓜迪亚机场、港务局巴士总站等。

纽约区域规划协会于 1922 年正式成立,成员来自各个行业,有规划师、商人、银行家、律师等。历时 8 年,于 1929 年形成了纽约第一个区域规划——《纽约及其周边地区的区域规划》。该规划范围约 1.3 万平方千米,包括纽约市、纽约州邻近的县、康涅狄格州的费尔菲尔德县和新泽西州临近纽约的大片地区,提出了形成环形放射高速公路网的规划安排,还提出了分散制造业等措施。尽管非政府机构的规划本身没有强制性,但官员们从中获得了城市发展的思路和启示,并借助联邦政府和州政府为公共工程提供的资金推动了"大都市环线(Metropolitan Loop)"等大量规划项目的实施,为纽约湾区城市群的形成奠定了基础。

得益于交通基础设施的日益完善和私人小汽车成为主流交通工具,20 世纪 50 年代后郊区快速发展,地位迅速提高。中产和富裕阶层向长岛、康涅狄格、哈德逊河谷等更远的地区迁移。郊区迎来了大量的土地开发和卫星城的建设,纽约的界线开始模糊。例如,在长岛的萨福克县和纳索县,不过十多年光景,人口增长就超过了 100 万。20 世纪 70 年代后,一度出现了郊区蔓延、城区衰落的景象。为了应对这种不利局面,纽约区域规划协会于

1968 年对纽约湾区进行了第二次区域规划,采取建立社区和服务中心体系、加大公共交通建设力度等措施,防止了郊区的无序蔓延。20 世纪 80 年代以后,纽约进一步抓住产业结构调整的机遇,大力发展信息服务业,使城区得以复兴和繁荣。

二、纽约湾区的机遇和挑战

20 世纪 90 年代后,纽约湾区抢先抓住了"信息高速公路"的机遇,大力推动科技金融和金融科技的发展,在金融、保险、医药、出版、服装等行业保持了领先地位。新泽西的制药业、康涅狄格州的机械制造业也实现了繁荣。20 世纪末,世界城市之间的竞争十分激烈,巴黎、东京、中国香港发展迅速,纽约国际金融中心的地位有所下降,纽约三州大都市区由于规模扩大而带来的"城市病"也让纽约湾区处于危险之中。1996 年,纽约区域规划协会发布了第三次区域规划——《危机挑战区域发展》,将纽约三州大都市区置于全球经济体系中去考虑,提出了兼顾经济发展(Economy)、环境问题(Environment)和社会公平(Equity)的"3E"目标,并在绿地系统规划、中心区规划、机动交通系统规划、劳动力教育和培训、管治等五个方面提出规划策略,推动纽约湾区可持续发展。

近年来,贫富差距大、生活成本高等问题给纽约湾区带来了巨大挑战,全球气候变暖的影响也日益成为公众关注的话题。为此,2017 年纽约区域规划协会出台了第四次区域规划,主题为"平等、共享繁荣、健康和可持续发展",采取了一系列措施来恢复可持续发展能力,防止贫困和收入不平等情况恶化。另外,规划预计到 2100 年海平面将上升 15.24 厘米,目前 200 万人口居住的土地将在海平面以下,为应对全球气候变暖带来的威胁,规划文件提出了加大湾区对绿色基础设施投资的重要性。具体措施很多,包括在梅多兰兹建立一个国家公园,以保护物种的多样性,同时提供紧急避难场所;对一些容易受到洪水和温度变化影响的电力、供水、交通等关键基础设施进行升级,以减轻城市的热岛效应,减少雨水流失,缓和气候变暖对城市发展的威胁,维持纽约在全球城市中的领先地位。

第四次规划文件还提到推行"智能基础设施"项目,对旧的基础设施进行升级,具体措施包括通过"基于通信的列车自动运行控制系统(CBTC)"项目对纽约湾区的地铁系统进行升级,实现全方位自动驾驶。这一举措不仅更加安全、准确,节省能源、人力和维护费用,而且通过更换硬件,可以抵御洪水等由气候变化产生的威胁。

到 2017 年,纽约湾区覆盖范围已经不局限于纽约周边城市群,而主要是由七个城市群构成,分别是布里奇波特—斯坦福德—诺沃克、格伦斯福尔斯、金斯顿、纽黑文—米尔福德、纽约—纽瓦克—泽西市、大洋城、特伦顿,人口共 2 020 万(2018 年统计),其中纽约—纽瓦克—泽西市是核心都市圈。

第二节 纽约湾区的功能定位

一、金融湾区

目前,纽约湾区各产业在 GDP 中的比重如图 6 - 1 所示,房地产与租赁业、金融与保险业分别占比 21% 和 20%,科技与信息业分别占比 11% 和 10%。显然,房地产与租赁业、金融与保险业是纽约湾区的主导产业,其他产业处于从属的地位,纽约湾区在功能上被定位为"金融湾区"。

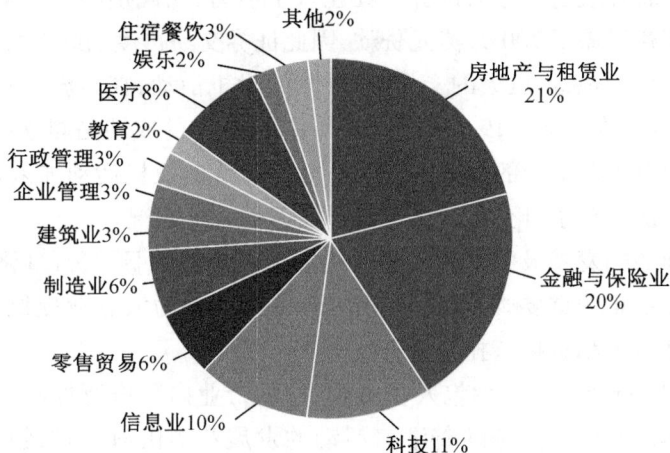

图 6－1 纽约湾区各产业占 GDP 的比重

纽约湾区被定位为"金融湾区",既是由于它得天独厚的地理位置,也得益于历史赋予的发展机遇。在 1820 年以前,纽约凭借天然良港和位于殖民地的地理中心、殖民地对外联系的中心、内陆地区出海口的有利位置,成为美国第一大城市和第一大港口,其功能定位为贸易枢纽。由于对外贸易和大陆经济发展在很大程度上都依赖于借贷,纽约的金融业地位得到迅速提升,华尔街作为经手银钱事务的所在地逐渐广为人知。借贷的形式逐渐增多,银行、金融公司、投机公司、保险公司、财产代管或金融资讯公司等机构为人们的借贷活动提供了多样化的选择。

1845 年,商业银行的总数为 25 家,到了 1860 年增加到 82 家,1883 年已经达到 506 家。这当中既包括私人机构,也包括拥有纽约州政府特许的股份制有限公司。所有机构均经营兑换券的贴现与再贴现业务,吸收存款,大量开展借贷。这一时期,有利的政治和法律环境为金融业的发展提供了沃土:1829 年,纽约州建立了全球第一个银行责任保险计划;1863 年,美国政府通过了一项联邦法案——《联邦储备法》,法案重组了美国的货币体系,纽约被摆到了金融业金字塔的顶端。

附属性的周边业务在纽约也得到了充分发展,其主要业务是借助密集的地方信息网络,对接待人的清偿能力进行核查,以降低银行的风险系数。

纽约也出现了大量的商人银行(相当于今日的投行)。这些机构感兴趣的目标包括金融市场、公共借贷以及私有企业的股份或债券,最初是为英国资本持有人和美国借贷者提供中介和咨询服务,比如奥古斯特·贝尔蒙特是罗斯柴尔德银行在纽约的代理。

19 世纪 50 年代后,铁路建设带来的借贷和股份使商人银行的地位得到提升,如 1849 年成立的温斯洛－拉尼尔公司就是其中的一个代表。南北战争促进了联邦政府债券的销售,战后和平时期的工业发展又增加了借贷方面的需求。19 世纪末最大的银行家约翰·皮尔庞特·摩根就是在南北战争初期成立了自己的公司,经营铁路投资和外国政府债券,之后又参与了南北战争债务的清算和大量美国及他国政府债券的发行,并在 19 世纪 80 年代扮演了纽约中央铁路公司、宾夕法尼亚铁路公司等铁路企业咨询人的角色。

为了方便证券进行转手交易,1792年美国首次短暂出现了证券市场,1812年因为与英国的战争而发行的联邦政府债券为证券市场注入了活力,在此期间纽约证券交易所正式成立。由于伊利运河建设需要700万美元贷款,因此证券交易再度活跃,全国性证券市场渐具雏形。纽约凭借大量的现金、巨大的交易额、持续的投机活动,在与波士顿和费城的竞争中胜出,集中了大量的证券交易。19世纪50年代后,华尔街的成功是建立在铁路之上的。到了19世纪末,伴随着工业革命的深入,矿产、石油等产业的投机活动加入进来。1886年,纽约证券交易所第一次出现了日交易金额达到100万美元的盛况。

银行与证券业务的发展吸引了各种要素的集聚:《华尔街日报》于1889年创刊发行,充分体现了金融专业信息的重要性;律师事务所开始出现并为大企业提供咨询和法律支持;信托公司成功地开展了私有财产托管业务。

1820年起,保险行业成立了承包人委员会,协助行业内部进行保险费率的制定和承担风险的规避。海洋航运保险业务随着港口活动的发展和美国海洋货运行业的良好态势而增长,19世纪40年代瓦尔特·莱斯特莱德·琼斯成立了大西洋互助保险公司,但是受到英国的劳埃德和其他保险公司的压力,纽约的海运保险业务并未取得良好发展,火灾保险也因赔付金额过大和资金缺乏稳定性而发展缓慢,只有人寿保险取得了巨大成功。1842年的互助人寿、1849年的纽约人寿、1859年的公平人寿和1868年的大都会人寿纷纷成立并取得了令人瞩目的成就。纽约金融机构的门类逐渐齐备,成为美国的制造业中心、贸易中心和金融中心。

进入20世纪后,尽管纽约作为贸易中心和制造业中心的地位有所下降,但借助两次世界大战,尤其是第二次世界大战后,联合国总部设于纽约,纽约成为国际政治中心。布雷顿森林体系确立了以美元为中心的世界货币体系,纽约外汇市场的运作影响着全球外汇市场,纽约湾区的国际影响力迅速提升。

20世纪60~70年代,在郊区化进程中,曼哈顿城区一度出现了衰落。在证券市场上,纽约证券交易所依然实行最低佣金规则,以限制经纪商之间进行价格竞争,对外国公司在纽约上市也有很多限制。不过,20世纪70年代中后期,美国开始陆续取消或废除了管制措施。1974年,美国取消了资本管制,外国直接投资计划、利息平衡税、对外信贷限制计划等限制资本外流的措施被废除。在这一新的经济环境下,纽约湾区作为国际金融中心从20世纪80年代起获得了很大的发展。以纽约为例,外国银行在1970年时为47家,到1985年增长至191家,资产飙升至2 380亿美元。1986年,纽约吸收的国外存款占整个美国吸收国外存款金额的68.8%,而洛杉矶和芝加哥仅占11.3%。国际资本和跨国公司的聚集使纽约湾区金融中心在全球资源配置中发挥了重要作用。

20世纪90年代以来,在新一轮的科技革命中,纽约湾区率先抢抓"信息高速公路"机遇,大力推动科技金融与金融科技的发展。与全美平均水平相比,20世纪末的纽约湾区在保险、项目管理、医药、出版、服装行业都占据绝对优势。现如今,华尔街仍然是世界金融中心之一,拥有纽约证券交易所和纳斯达克证券交易所,以及2 900多家世界金融、证券、期货及保险和外贸机构。纽约集中了全美10家最大的咨询公司、全美100强法律事务所中的35家、多家世界顶级证券公司和会计师事务所以及219家银行的总部。

以金融业为引领的高端生产性服务业、以高端人才为支撑的创意产业,包括广告业、娱乐业、传媒业、文化产业、艺术品收藏,为大规模人口聚集提供服务的旅游、餐饮、商贸等产业集群,以及新泽西的制药业、康涅狄格的机械制造等共同构成了纽约湾区的金融业支撑体系,使金融业成为纽约湾区金字塔的塔尖,展现了纽约湾区的功能定位:金融湾区。

二、纽约湾区城市群当前产业形态

当前,服务业是纽约湾区的主要产业类型,包括房地产与租赁业、金融业、政府服务、专业科学服务等。目前,纽约湾区各产业占 GDP 的比重中,房地产及租赁行业占比为21%,金融保险业占比20%,科技、信息业、零售贸易、制造业占比分别为11%、10%、6%、6%。纽约是超过55家世界500强企业、纽约证券交易所、纳斯达克证券交易所和华尔街所在地,是全球最重要的国际金融中心之一,金融业是其主要支柱。制造业比重较小,主要分布在食品制造、计算机和电子产品制造行业。

纽约湾区七个城市群的产业构成分别是:

1. 纽约—纽瓦克—泽西市都市圈

纽约—纽瓦克—泽西市都市圈 GDP 位居纽约湾区首位,占纽约湾区经济总量的90%,其中金融保险与房地产及租赁业产值最高,2017年二者产值分别为2 834亿美元和2 890亿美元,约占湾区 GDP 总量的30%。其中,纽约是世界最大的国际金融中心,主要包括外汇市场、短期资金市场、长期资金市场、股票市场,并作为世界五大黄金市场之一,经营黄金期货交易等。除此之外,作为全球重要的商业中心,纽约是金融、零售、世界贸易、交通运输、旅游、新媒体、医药、广告、法务、审计、戏剧、娱乐、艺术等公司和机构的集中地,超过500家公司在此设立总部。纽约还拥有"硅巷"作为高新技术的创新基地,运用互联网技术为商业、时尚、传媒及公共服务等领域提供解决方案,用技术改革传统行业并建立细分市场——"东岸模式"。2017年,该都市圈专业科学服务产值为1 585亿美元。

纽瓦克是新泽西州最大的金融、保险、出口、健康护理以及政府服务中心,坐落着超过1 000家的法律公司;是"学院重镇",有接近50 000名医学和法学学士;是继纽约市和哈特福德之后的美国第三大保险中心及多家跨国公司总部所在,如松下、万威等。

泽西市作为纽约港和新泽西港的集散中心,发挥着重要的交通枢纽作用。在经济方面,哈德逊河畔从波特广场到纽波特市的地段,是美国重要的房地产开发商、市政官员、新媒体集聚地,三分之一的私营部门工作岗位来源于金融行业,其中约60%为证券业,20%为银行业,8%为保险业。

2. 布里奇波特—斯坦福德—诺沃克都市圈

布里奇波特—斯坦福德—诺沃克都市圈位于康涅狄格州费尔菲尔德县,是纽约湾区第二大都市圈,2017年 GDP 为982.6亿美元,占纽约湾区都市圈总产值的5.2%。金融保险业、房地产及租赁业、制造业是其重要产业支柱,2016年分别占湾区 GDP 的21.5%、14.9%和8.8%。布里奇波特是康涅狄格州最大的城市,劳动就业占比前五位的行业分别是:健康和社会救助18.3%、零售业13.5%、制造业9.4%、住宿和食品服务9.2%、建筑业7.4%。

斯坦福德是康涅狄格州第三大城市,集中了4家世界500强公司、9家世界1 000强公司、3家福布斯全球2 000强公司及1家福布斯全球500强公司。2017年,劳动就业占比前五位的行业是:健康和社会救助13.9%、金融保险业10.6%、建筑业10.1%、专业科学服务10.1%、零售业9.6%。

诺沃克是康涅狄格州第六大受欢迎城市,此处集中了出版、旅游、金融、配件、技术、食品等行业有影响力的公司总部二十余家。

3.纽黑文—米尔福德都市圈

纽黑文—米尔福德都市圈同样位于康涅狄格州。2017年GDP为452.5亿美元,占纽约湾区GDP的2.4%。2008年金融危机前,制造业是该都市圈的主要产业,占比达17.9%,现已下降到10%左右,房地产与租赁业、金融业等产业也同样呈趋势性下降。健康和社会救助以及政府服务的比重呈上升的趋势,2016年分别升至12.1%、12.4%。批发业、零售业以及教育服务呈比较显著的上升趋势。

纽黑文是康涅狄格州的第二大城市,拥有耶鲁大学和康涅狄格大学等知名学府,对于该地区的经济增长发挥着重要的正外溢效应。劳动就业占比前五位的行业分别是:教育服务21.4%、健康和社会救助19.7%、住宿和食品服务9.7%、零售业8.9%、制造业8.7%。

米尔福德是位于布里奇波特和纽黑文之间的海岸城市,其劳动就业占比前五位的行业分别是:健康和社会救助15.7%、制造业12%、零售业10.7%、教育服务10.6%、专业科学服务7.6%。

4.特伦顿都市圈

特伦顿是新泽西州的首府,是纽约湾区第四大产值都市圈。2017年GDP为299.9亿美元,占纽约湾区GDP的1.6%。2001年以来,服务业成为特伦顿的主导产业,其他占比较高的行业有政府服务15.1%、专业科学服务14.4%、房地产与租赁11.7%、金融保险业8%。

5.格伦斯福尔斯、金斯顿和大洋城都市圈

格伦斯福尔斯、金斯顿、大洋城是纽约湾区产值较少的三个城市,2017年三地的GDP总和为166.8亿美元,占纽约湾区GDP的0.9%。其中格伦斯福尔斯的主导产业为政府服务与制造业,2016年占当地GDP的比重分别为16.8%、14.6%;金斯顿主导产业为政府服务,2016年占当地GDP的比重约23%;大洋城主导产业为房地产及租赁与政府服务,2016年占当地GDP的比重分别是34.6%、17%。

从七个城市群产业GDP占比的情况看,在一定程度上体现出纽约湾区内的产业布局既有市场自发的运动,也有跟随区域规划做出的调整。纽约—纽瓦克—泽西市都市圈金融业继续保持了在金融业领域的优势,而其他城市群在健康与社会救助、教育服务、专业科学服务等方面呈现上升趋势。围绕平等、共享繁荣、健康和可持续发展以及宜业宜居,湾区产业布局体现出一定的分工特点。

三、纽约湾区城市群的经济增长因素

1. 规划引领，交通先行

纽约湾区城市群的经济增长，是同纽约湾区的城市化进程联系在一起的。城市规划的合理性和适度超前，决定了该区域经济的增长空间，而交通基础设施的建设和连通是基础。

早在19世纪初，尽管当时纽约人口只有约9万，开发居住的地区也仅限于曼哈顿附近两千米左右的区域，但1811年的城市规划非常具有超前意识，将曼哈顿岛全部纳入了规划范围，适应了19世纪移民和城市化带来的纽约人口迅速增长的需要，通过郊区铁路、轨道马车、空中铁道、渡轮、桥梁等交通基础设施的建设，方便了市民的出行。到1890年，纽约和布鲁克林加起来的人口已经达到250万，1898年合并了的纽约五区人口达到340万，其中曼哈顿岛在1900年实现了全岛城市化，人口约有200万。人口和经济的爆发式增长，既可以看成超前规划的原因，也可以看成良好规划的结果，交通基础设施的配套发展是城市空间扩大的必备前提。

20世纪开始，规划的作用更加凸显，引领区域城市群的经济增长。纽约区域规划协会尽管属于非政府机构，其规划没有强制力，但1929，1968，1996，2017年的四次规划都对当时的紧迫问题做出了针对性极强的长远规划，因而具有很强的参考价值，被政府决策所采纳。而纽约—新泽西港务局这一跨州准政府机构的设立，拥有很大的进行区域综合交通规划的权力，保证了不同州之间包含铁路、公路、机场、桥梁等在内的交通基础设施的建设能够在统一的安排下进行，为湾区发展奠定了交通基础。

2. 持续发展，宜业宜居

3. 抓住特色，合理布局

4. 审时度势，抓住机遇

纽约湾区成功的关键要素如下。

一是，拥有功能齐全、服务范围广的消费市场，信息资源丰富，利于形成发达的经济集聚中心，这是世界级湾区形成和发展的先决条件。

二是，纽约港天然的地理区位优势，使得纽约成为连接欧美的最佳贸易中心，促进了经济的繁荣，是湾区经济发展的核心优势。

三是，"美国梦"吸引大量移民，通过努力实现自我价值，创造财富，为湾区带来高素质劳动力的输入。

四是，国际资金的大量流入，特别是19世纪成熟的欧洲资本市场为运河和铁路系统的修建项目提供了大量资金，这也为纽约湾区基础设施的兴建奠定了基础。

五是，日益完善且不断创新的产业链。目前，纽约"硅巷"已成为湾区经济增长的主要引擎，被誉为"东部硅谷""创业之都"，是继硅谷之后美国发展最为迅速的信息技术中心。

第七章 旧金山湾区城市群的发展路径分析

第一节 旧金山湾区的发展概况

一、旧金山湾区的区域组成

旧金山湾区是美国加利福尼亚州北部的一个大都会区,位于沙加缅度河下游出海口的旧金山湾四周。湾区一共有九个郡(县),101个建制城镇,占地1.79万平方千米,人口总数777万。旧金山湾区是美国西海岸仅次于洛杉矶的最大都会区,不像其他以单一城市为中心的大都会区,旧金山湾区里有数个独特的城郊中心,还有3个中心城市,分别是位于半岛北端的旧金山、位于南湾的圣何塞以及位于东湾的奥克兰,这几个中心城市形成各具特色、优势互补的三大区域中心。

根据美国公共管理与预算委员会的统计,旧金山湾区除了原有的9个郡(县)外,还包括与其联系紧密的周边3个郡(县),共计12个郡(县)。

旧金山湾区按照地理属性可分为北湾、旧金山城、东湾(以奥克兰为代表)以及南湾(以圣何塞为代表)等地区。旧金山市主要以旅游业、服务业、金融业为主;圣何塞市坐落于"硅谷",电子工业发达,集中了电子计算机、电子仪表以及宇航设备等制造业;奥克兰市主要以港口经济为主,其港口是世界上最早使用集装箱运输的港口之一。旧金山市、奥克兰市以及圣何塞市三个城市采取不同的发展策略以及产业布局,使三者能够协调发展与合理分工,从而使湾区经济的集合效应最大化。

二、旧金山湾区的区域代表

目前,旧金山湾区形成了旧金山市、半岛、南湾、东湾、北湾这五大区域格局,其中硅谷所在的南湾、西部金融中心旧金山市及坐拥奥克兰港的东湾是人口与产业的聚集区,发展较为亮眼。

北湾:美国著名的酒乡和美食之都,据称全美90%的葡萄酒都产于此地。由于人口密度小、缺少大规模的人口聚居区,因此北湾成为旧金山湾区内唯一没有通勤轨道交通的地区,金门大桥是此区通往旧金山的唯一道路。除了一小部分地区外,北湾是一个极为富有的地方,例如马林县便被列为全国最富有的行政区,这里有着最好的能够眺望旧金山市的豪宅。

旧金山市区:重要的海军基地和著名的贸易港,工商业发达,是美国西部最大的金融中心,也是互联网初创公司和新兴社交媒体的一个大本营。总部设在旧金山的知名技术公司包括打车软件运营商优步、住宿分享平台爱彼迎、社交媒体推特等。凭着医学和生物技术专业闻名遐迩的加利福尼亚大学旧金山分校,以及大量尖端的生物医药公司也同样落户在旧金山。

东湾:拥有湾区内最大的海港奥克兰港,是美国第五大集装箱货运港口。美国顶尖高校加利福尼亚大学伯克利分校也在东湾,与旧金山隔海湾相望。

旧金山半岛:介于旧金山和南湾之间的地区,包括部分硅谷城市。旧金山港是世界三大天然良港之一,主要经营散货装卸、渡轮服务和船舶修理等业务。

南湾:以硅谷地区为主,云集了成千上万家高新科技企业,涉及计算机、通信、互联网、新能源等多个产业。这里的科技公司可谓群星闪耀,比如全球市值最高的两家公司苹果和字母表(谷歌母公司),以及全球市值排名居前的大公司脸书、老牌科技巨头惠普、思科、英特尔等。

三、旧金山湾区城市群的发展历程

旧金山湾区是美国第五大城市群,有16家世界500强企业总部落户于此,在美国仅次于纽约湾区。旧金山湾区是世界重要的高科技研发中心之一,硅谷是它的标签。随着硅谷的发展,旧金山湾区也一步步地被推上世界"科技湾区"的宝座。

事实上,旧金山湾区最早的标签并不是以科技闻名的硅谷,而是黄金。早在19世纪中期,黄金曾是旧金山湾区炙手可热的资源,由加州蔓延开来的"淘金热"让世界各地的淘金者蜂拥而至,推动了湾区的早期发展。但黄金并没让旧金山湾区辉煌太久,最终让湾区崛起的还是新技术革命。20世纪中后期,硅谷崛起,科技创新成为这一阶段湾区发展的最大助推力。

旧金山湾区拥有一段令人印象深刻的经济发展史,而今被列为全世界最先进的经济地区之一。那么,影响其经济发展的最关键因素是什么?

首先,旧金山湾区是一个世界级的"研究区"。该区的大学和研究实验室近五十年来一直处于全球科学研究的核心地位。有9个举世闻名的研究机构将旧金山湾区称为它们的发源地,包括:斯坦福大学、加利福尼亚大学旧金山分校、加利福尼亚大学戴维斯分校、劳伦斯伯克利国家实验室、劳伦斯利弗莫尔国家实验室、桑迪亚国家实验室、美国国家航空航天局艾姆斯研究中心和斯坦福直线加速器中心。另外,还有许多杰出的私营研究和开发公司在此地落户。

这些宝贵的研究力量,为旧金山湾区赢得了声誉,成为高新技术的发祥地和全世界的中心,也是生物工程的孵化器。而今,旧金山湾区拥有美国最多的高新技术和生物工程公司,仅硅谷一地就拥有在世界上独一无二的密集度最高的技术导向型公司和大批专业人才。近年来,旧金山湾区作为一个整体,被视为美国最领先的多媒体和通信中心。

其次,旧金山湾区人力资源的质量得到公认,拥有美国文化程度最高、技术水平最高的劳动力。湾区在自然科学、数学、工程技术、人文科学和社会科学领域拥有全美国数量最多的顶尖研究生计划。更令人瞩目的是湾区企业造就的科学和技术的进步。富有创造力的大学毕业生走进科学界或商界,使更多人获得了新的就业机会。科学知识给湾区和全世界带来了巨大的利益,例如DNA重组、生物工程的创立及硅谷的发展。

再次,旧金山湾区是世界上创立新企业的杰出实验室,目前美国发展最快的小型企业多数位于旧金山湾区。灵活的财政来源、企业技能、层出不穷的新点子和地区竞争环境相结合,使旧金山湾区成为卓越企业的发祥地。

旧金山湾区在很多关键指标上都居于美国的领先位置,例如拥有大学学士以上高级学位的人数比例最高;有更多、更好的研究中心;雇员人均专利申请数量是全美国雇员人均专利数量的 2 倍以上;世界上风险投资密度最高的地区;湾区出口贸易额是美国平均出口贸易额的 2 倍以上等。

四、旧金山湾区与纽约湾区的异同点

对比纽约湾区和旧金山湾区的发展,有相似点也有不同之处。

相似点在于两大湾区都汇聚了诸多高校、企业、资本以及人才等资源。目前,旧金山湾区拥有全美第二多的世界 500 强企业总部,谷歌、苹果、脸书等多家互联网巨头均落户于此。此外,斯坦福大学等一流高校、国家重点实验室及研究机构也都集聚在此处,为湾区源源不断地输送人才。

不同之处在于,旧金山湾区的发展定位以及硅谷的发展,政府都较少干预,主要依靠湾区内建立的区域治理机制,比如旧金山湾区政府协会、大都市交通委员会等。

2017 年,旧金山湾区的 GDP 规模达到 8 000 亿,经济增速为 2.7%。在全球几大湾区中,无论是 GDP 还是经济增速,旧金山湾区均处于末位。

旧金山湾区崛起于 19 世纪后半叶,是美国西部第二大都市区,19 世纪后期以淘金热为契机,依靠工业化支持,经过"矿业城市""铁路城市"两次城市化高潮发展至今,目前高新科技产业为其主要产业之一,全美 100 家发展最快的高新科技公司有 39 家在此落户,仅硅谷一地的高新科技产品出口额就占全美同类产品出口总额的三分之一。

第二节 旧金山湾区的功能定位

一、科技湾区

经过多年的发展,旧金山湾区在高新技术产业、金融服务业、文化产业和旅游业等方面取得了显著成就。旧金山湾区集聚了多家世界 500 强企业,还拥有硅谷和多所著名的学府,这些学府为企业的发展输送了大批人才。

旧金山湾区 GDP 及人口总量均在美国排名靠前,且经济增速领先。美国经济分析数据显示,2015 年美国 292 个大都会区的 GDP 平均增长了 2.5%,旧金山湾区处在 GDP 增速较快的区域。而从人口数量来看,根据美国人口统计局普查数据,圣何塞—旧金山—奥克兰都会区是美国人口第五大地区,成为美国西部仅次于洛杉矶的第二大人口集聚区。作为世界三大湾区之一,旧金山湾区的 GDP 保持了较高的增长速度和旺盛的经济活力,并成为美国重要的人口集聚区和经济增长极。

旧金山制造业外迁,贸易发展迅猛,金融机构市场细分。19 世纪后期,随着湾区的发展,旧金山中心城市地位逐渐凸显,地价和劳动成本的上升使得部分低成本制造业,如钢铁

和冶炼业逐渐从旧金山外迁,1906年的地震更是加剧了这一趋势,带动了旧金山周边城市制造业的发展。与此同时,旧金山海上贸易发展迅猛,19世纪80年代初基本已垄断了太平洋海岸与美国内陆的海上贸易,涵盖了99%的太平洋沿岸进口货物和83%的出口货物。商业贸易的发展也促进了金融行业的服务细分,金融机构更加细化,分工更加明确,产生了商业银行、保险公司和股票交易等三种主要形式,多家大型机构开始建立分支机构,旧金山金融中心地位加强。

奥克兰依托铁路的修建,带动工业化加速发展,成为中心城市之一。19世纪后期,以奥克兰为中心,先后修建了通往海沃德、伯克利、阿拉梅达等城市的铁路,形成章鱼触角似的陆路交通网。铁路的发展在很大程度上带动了奥克兰工业的发展,工业企业的数量越来越多,一部分为旧金山分流来的企业,另一部分是奥克兰东部资本建立的企业,这些企业以滨水区铁路线为轴线,在湾区东部逐渐形成了一个工业地带,并且逐步扩大到西奥克兰地区,带动当时奥克兰经济的发展。1880—1890年,奥克兰制造业产值增长了三倍多,成为"铁路城镇"的典型。

硅谷的迅猛崛起无疑是这一阶段旧金山湾区发展的最大推力。可以说,硅谷把旧金山湾区送上了世界三大湾区之一的宝座,也为旧金山湾区贴上了"科研湾区"的标签。

导致硅谷崛起和长盛不衰的因素有很多,如高收入和高社会地位的工程师文化、高成本的正向淘汰机制、扁平式的企业管理制度、包容且多元的移民文化汇集了全球精英人才、鼓励创业的"车库文化"等,而硅谷独特的创新体系和风险投资是其取得成功的最核心要素。

大学与企业的创新驱动循环。斯坦福大学早期创立的科技园成为硅谷的雏形,一个客观因素是,斯坦福大学地处美国经济边缘的西部地区,可获得的政府科研经费较少,迫使其与企业共同进行创新。大学和硅谷企业的发展是相辅相成的,一方面大学为硅谷输送了大量的技术和管理人才;另一方面这些高科技企业为大学提供了源源不断的科研资金和设备。总之,产学研的无缝对接,推动了湾区科技创新与研发。

风险投资的保驾护航。在硅谷的发展过程中,资本的力量不容忽视,作用最大的是各种规模的风险投资。与传统投资的区别在于,硅谷的风险投资不仅为科技公司提供早期的起步资金,还帮助公司建立自己的团队。也就是说硅谷风险投资某种程度上充当了孵化器的作用,其好处在于保证了公司创始人可以专注于技术创新。一些巨头公司,如苹果、谷歌、甲骨文等都在风险投资的保驾护航下发展起来。

交通的快速发展。交通的快速发展,尤其是轨道交通对湾区发展起到极大的促进作用,从1972年第一条城际轨道通车至今,不断改变着湾区各城市之间的跨城职住关系。

二、旧金山湾区城市群当前的产业形态

旧金山湾区的创新生态系统蕴含三大机制,即流动性、网络效应和创新文化。湾区构建了一套涵盖公共政策、科技金融、高等院校、高端人才服务四位一体的创新支撑体系,科技金融是旧金山湾区创新支撑体系的一大亮点,湾区具备健全的资本市场、多层级的商业银行体系和政府金融支持政策的科技金融体系。

旧金山湾区2013年GDP近6 400亿美元,根据美国统计局数据,2013年旧金山湾区人

均 GDP 为 84 220 美元,位列全美十大都市圈第一名。其中,汇聚高科技企业最多的硅谷地区人均 GDP 高达 102 535 美元。旧金山湾区是美国最早从 2008 年金融危机冲击中复苏的区域之一,以硅谷创新科技企业为代表的高新技术产业一直被视为判断湾区经济乃至美国经济未来增长前景的主要指标。按照旧金山湾区政府协会颁布的《湾区规划》,2010—2040 年湾区将新增 112 万个就业岗位,其中以知识能力为基础的专业技术服务、健康教育两大就业部门将提供 63 万个就业岗位,占总就业岗位的 56%。这显示出旧金山湾区以高科技产业和生物制药产业支撑的产业结构仍将持续快速发展,区域经济将持续向好。

旧金山市:美国西海岸金融中心,服务业发达,以金融、商业贸易等产业为主。

半岛:旧金山和南湾的连接地区,吸引众多中产和富裕家庭在此居住和生活。

南湾:以硅谷地区为主,高新科技企业云集,涉及计算机、通信、互联网、新能源等多个产业。

东湾:拥有湾区最大的海港奥克兰港和加利福尼亚大学伯克利分校。

北湾:休闲养老区域和葡萄酒产地,人口密度小,资源环境好,是湾区唯一没有通勤轨道交通的地区,金门大桥是通往旧金山的唯一通道。

三、旧金山湾区城市群的经济增长因素

旧金山湾区资本积累丰厚,相关技术比较先进,而且具备较浓厚的文化底蕴。这些资本的汇集必然会带动创新型经济的发展,进而让美国的高新技术一直处于世界领先地位。硅谷现在落户的高新技术企业已经超过了 8 000 家,其核心产业是信息技术。

硅谷因其科技创新能力而闻名世界,正是由于硅谷的辐射作用,整个旧金山湾区的经济飞速发展。除此之外,旧金山市政府大力发展法律和金融业,奥克兰政府则利用制造业的优势,引进硅谷企业发展高新技术产业,加快经济复苏。如今,斯坦福大学等知名学府成为硅谷的人才孵化器,就近为硅谷准备了大量的科技人才。

总体来看,旧金山湾区从萌芽期到发展成熟,虽历经 160 多年,但其核心发展阶段主要集中于第二次世界大战以后,尤其是硅谷崛起后。纵观其发展史,科技创新、金融支撑、产业互补、交通一体化均是旧金山湾区的核心驱动力。目前,旧金山湾区已经成为以科技创新为动力,以旧金山、奥克兰、圣何塞三大城市为核心的世界级湾区。

旧金山湾区分为南湾、北湾和东湾,有三大全美知名城市——旧金山、奥克兰和圣何塞。其中,圣何塞所在的硅谷地区集聚了大量全球知名的高科技企业,因其科技创新能力享誉全球,被誉为科技创新和未来经济的引擎与风向标。旧金山湾区形成时间较晚,湾区城市多数形成于第二次世界大战后,优美的自然环境吸引了美国中产阶级和来自世界各地的移民到此生活,是加州唯一来自全美其他城市人口流入大于本地区人口流出的地区。旧金山湾区人力资本较为充足且质量很高,据统计湾区 25 岁及以上年龄的人口中超过 40% 拥有学士甚至更高层次学位。湾区还拥有数量众多的著名大学,如加州大学及加州理工学院,持续不断地为湾区发展提供优秀人才。

旧金山湾区的主要发展经验如下。

1. 宜居的自然环境

宜居的环境对人才的吸引是湾区能够持续引领科技创新和经济发展的主要动因。

湾区优美的自然环境吸引了大批具有较高知识技能水平的人才到此地生活创业,科技人才在硅谷的集聚逐渐带动硅谷产生具有规模效应的高科技产业,随后带动周边城市的发展。长期以来,湾区宜居环境都被视为湾区经济发展的主要原因。湾区地方政府在城市发展中非常重视对自然环境的保护,以法案形式规定温室气体减排目标,出台引导性规划方案,从交通、住房、城市土地开发等方面协调城市发展、产业发展和环境保护之间的关系。

2. 自由宽松的创新环境

"小政府,大社会"的制度为湾区创新经济发展提供了良好的外部环境。

由于体制差异,美国地方自治体系下的地方政府没有上下层级划分,在经济发展中秉持市场原则,也没有权限制定能够具有超前特征的产业政策。这种做法实际上维持了湾区较为自由、宽松的创新环境,有利于科技人才"试错创新"。这一特点应该被视作旧金山湾区经济发展的独特因素。

3. 发达的交通网络

交通网络体系规划注重在绿色交通理念指引下,通过改造现有交通体系和新建城市间交通体系,增加公共交通出行和城市间要素流动。

旧金山湾区交通规划较为注重在现有产业和城市发展的基础上,通过对人流、物流状况的数据化评定,对交通体系进行改造,从而提升交通网络的便捷性,实现公共出行和要素流动的高效率,进而达到降低温室气体排放和环境可持续发展的规划目标。这种规划方案既能够提升资金的利用效率,又极具针对性地满足了产业和人口流动需求,且涵盖了环境保护这一长期目标,值得加以认真借鉴。

4. 明确的城市功能划分

主要城市之间功能划分较为明确,不存在相互竞争。

由于旧金山湾区经济主要秉持市场原则,湾区三大主要城市各自形成了不同定位的产业结构,如旧金山市注重发展金融业、旅游业和生物制药产业;奥克兰市主要发展装备制造业和临港经济;圣何塞市因处于硅谷而重点发展信息通信和电子制造、航天航空装备等高新技术产业。

第八章 东京湾区城市群的
发展路径分析

第一节 东京湾区的发展概况

一、东京湾区简介

东京湾区是天然的建港良地,其沿岸经济发展的特点主要是以港口建设带动经济开发,并已取得显著成效。据 2018 年的资料统计,东京湾区城市圈所在的行政区域面积达 1.36 万平方千米,占日本总面积的 3.5%,湾区人口约占日本人口总数的三分之一,制造业企业数量占全国的 24%,金融保险企业数量占全国的 24%,金融就业人数占日本金融业就业总人数的 35%。同时,东京湾区沿岸已经形成了由横滨港、东京港、千叶港、川崎港、木更津港、横须贺港六个港口首尾相连的马蹄形港口群,年吞吐量超过 5 亿吨,并构成了鲜明的功能分工体系。在庞大港口群的带动下,东京湾区逐步形成了京滨、京叶两大工业地带,装备制造、钢铁、化工、现代物流和高新技术等产业十分发达。2018 年,东京湾区 GDP 合计达 1.77 万亿美元,约占日本 GDP 总量的三分之一。产业的集中和人口的集聚,促进了以东京为核心的首都城市圈发展,使之成为日本最大的工业城市群和最大的金融中心、国际航运中心、商贸中心和消费中心。

东京湾区最早是围绕东京湾水面所形成的港口群,是日本对外贸易的核心区域。第二次世界大战后,随着日本工业化和城镇化进程的加速,以制造业为重心的东京都工业经济规模不断扩大,人口开始向东京都集聚,东京都成为日本城市中经济总量最大和人口数量最多的城市。20 世纪 70 年代中期,随着东京都产业结构升级的需要,东京都的制造业包括化工、钢铁、造船等行业开始向周边地区迁移,千叶县、神奈川县和埼玉县的工业经济进入快速发展时期,以东京都为核心的"一都三县"都市圈开始形成。20 世纪 70 年代中期到 20 世纪 90 年代,东京都市圈结构继续强化。东京都着重发展以知识密集型和高附加值为优势的服务经济,周边三县在承载东京都产业转移的同时,与东京都市圈外围城市群马县、栃木县、山梨县和茨城县的联系开始紧密。在这一时期,人口继续向东京都集聚,轨道交通体系开始向外围四县延伸,部分产业向外围迁移,逐渐将东京都市圈结构由"一都三县"扩展为首都圈"一都七县"。东京湾区涵盖首都圈"一都七县"范围,形成以东京都为核心,以千叶县、埼玉县、神奈川县三县为中间层,以群马县、茨城县、栃木县、山梨县四县为外层的"核心—中间—外围"三层地理空间结构。

二、东京湾区的区域组成

东京湾北枕日本的粮仓关东平原,房总半岛和三浦半岛环绕东西,经浦贺海峡南出太平洋,南北长约 80 千米、东西宽约 30 千米,临港产业覆盖区域面积约 1.36 万平方千米,海岸线 170 千米。东京湾区人口约 4 400 万人,是日本的政治、经济和产业中心。东京湾区主要有东京、横滨、川崎、千叶、埼玉等大中城市,木更津等工业重镇,占日本经济总量的三分之二。

东京:以对外贸易、金融服务、精密机械、高新技术等高端产业为主,是日本最大的金融、商业、管理、政治、文化中心,全日本 30% 的银行总部、销售额超过 100 亿日元的大公司总部有 50% 设在东京。东京被认为是"纽约 + 华盛顿 + 硅谷 + 底特律"型的集多种功能于一身的世界级大都市。

京滨、京叶:日本最大的重工业和化学工业基地,以钢铁、石油化工、现代物流、装备制造和高新技术等产业为主。

东京港:定位是国际集装箱战略港湾,其中日本国内的集装箱吞吐量占 20%,日本运往欧美主要国家的集装箱吞吐量占 25%,蔬果输入量占日本输入总量的 24%。

川崎港:同样定位是国际集装箱战略港湾,港口是能源相关企业的聚集地,该港口原油的进口量占日本原油进口总量的 7%,液化天然气的进口量占进口总量的 9%。

横滨港:定位是国际集装箱战略港湾,其中外贸集装箱的吞吐量为日本第二,是东日本最大的汽车吞吐点,整车出口量占日本整车出口总量的 14%。

千叶港:主要是能源化工港口,是石化工业、钢铁业原材料的供给据点,原油进口量占日本原油进口总量的 13%,液化天然气的进口量占进口总量的 15%。

木更津港:其铁矿石的进口量占日本铁矿石进口总量的 10%,钢材的出口量占出口总量的 9%。

横须贺港:主要是汽车整车和零部件进出口,还是冷冻金枪鱼进口的据点。

日本的油气等能源、铁矿石等工业原料、小麦和大豆等食物都是依赖海外进口的,出口产品多以汽车和电子产品等为主。东京湾区内港口的货物吞吐量占日本总吞吐量的 25%,原油进口量占同类进口总量的 33%,液化天然气占同类进口量的 50%,可以说是日本经济的大动脉。

三、东京湾区的发展历程

东京湾区崛起于 20 世纪中后期,以东京市区为中心,城市化水平达 80% 以上,GDP 占全国 GDP 总量的三分之一。

1956 年,日本政府颁布《首都圈整备法》开始规划发展东京湾区,并在此后的 43 年中先后 5 次调整规划、发展方案,有效地促进了该区域与日本全国经济的协同高速发展。目前,依托环太平洋的区位优势,东京湾区不仅拥有日本最大的港口群和航空网络,还是日本最大的重化工业基地、能源基地、国际贸易和物流中心。

交通方面,东京湾区拥有横滨港、东京港、千叶港等六大港口,这些港口与国际机场、新干线以及数条高速公路交织在一起,构成海陆空立体交通网,有力地支撑了湾区内人流及物流运输。

同时,东京湾区还聚集了佳能、三菱重工、索尼、东芝和富士通等大型企业及研究所,这些机构为湾区发展提供了较强的科技研发能力,这也是东京湾区能够创造经济奇迹的重要因素。

东京湾区的发展始于第二次世界大战之后,经过百年发展,如今该湾区已形成包括钢铁、有色冶金、石化、机械、电子和汽车等产业在内的工业产业带,以及集金融、研发、文化和娱乐等为一体的金融消费中心。2017年,东京湾区的GDP规模达1.3万亿美元,经济增速为3.6%,位居世界湾区第三位。

值得一提的是,有观点认为在"一个国家、两种制度、三个关税区、四个核心城市"背景下,当前中国粤港澳大湾区的最大难点在于城市协同发展,而在此方面,东京湾区的规划逻辑值得借鉴。

回顾东京湾区发展历程,可以总结如下经验。

1. 都市圈中的城市功能分配较为合理

从20世纪70年代至今,以东京都产业升级为契机,周边城市不断发展,产业逐步外迁的同时,城市定位愈加明确,资源得到合理配置。如东京都定位为知识密集和高附加值产业业形态,着重发展创新经济和服务经济;横滨市承担东京湾区贸易中心功能,横滨港成为湾区最重要的对外贸易港;千叶县重点发展空港经济、国际物流和临空产业;埼玉县承担行政、居住和商务职能;茨城县则重点发展信息产业,集聚大学和科研机构。

2. 轨道交通网络建设对于提高要素流动效率作用重大

东京都与周边城市主要依靠轨道交通网络的不断延伸来形成地区经济一体化目标。在日本城镇化高速发展期,日本政府通过交通规划与城市规划一体化,在不断扩张轨道交通体系的同时,于东京都周边30千米半径和50千米~80千米半径内规划建设新城。新城建设和交通网络的发展促进了东京都人口向周边城市迁移,同时也以东京都为核心形成更为合理高效的人流、物流和信息流通道。

3. 交通网络发展与土地利用效率提升并行

东京都市圈在交通规划方面不仅重视通过城市干线、轨道交通、高速公路等多种途径提升城市之间要素流动的效率,同时为了避免城市人口集聚对交通产生的巨大压力,在新城建设时期重点发展以公共交通为导向的出行模式(TOD模式),并注重将交通网络建设与城市土地空间开发相协调,在轨道交通站点周边开发立体式交通网,建设以工业、商业、居住和文化为一体的综合型步行化城区。

交通、居住与工作空间的紧密连接大大增加了居民公共交通出行频次,降低了人口大规模集聚的副作用。

4. 以港口空间开发和再利用推进港城和谐

湾区经济的基本形态是港口经济,在工业化加速阶段,沿海岸线进行制造业布局是常见的发展形态。港口贸易和沿海制造业的扩张不仅造成严重污染,而且降低了港湾区域对城市居民的吸引力。1985年,日本政府出台了"面向21世纪的港口政策",提出综合性港口概念,在滨水区构建物流、工业与生活和谐发展模式。1990年,日本政府提出"建立富饶魅力滨水区"目标,强调在通过填海建设人工岛后,以人工岛外沿区域作为港口泊位,在人工岛内部区域规划建设居住和商业空间。在对港口进行改造时,强调对旧有港口空间的再利用,目的是推进港城一体、和谐发展,增强城市居民对港口区域的亲近感,营造宜居港湾环境。

第二节 东京湾区的功能定位

一、产业湾区

东京湾区作为日本优良的深水港湾,包括东京、横滨、川崎、千叶等城市,面积为 1.36 万平方千米,经济总量占日本全国经济总量的三分之二,年吞吐量超过 5 亿吨,集中了钢铁、有色冶金、炼油、石化、机械、电子、汽车、造船和现代物流等产业,是全球最大的工业产业地带,还包括金融、研发、文化和大型商业设施等,是世界知名的金融中心、研发中心、娱乐中心和消费中心。

东京湾区聚集了日本主要工业产业,吸引了丰田、索尼、三菱等世界 500 强企业的总部落户于此,同时还形成了六个港口紧密连接起来的港口群。东京湾区城市群是世界上城市化水平最高、经济最发达的城市群之一。

东京湾区以先进制造业为主导,东京是企业总部和研发中心。在全球创新 100 强企业中日本有 39 家,其中 27 家总部在东京。PCT 专利申请数量,东京湾区是全球第一。而湾区周边的 7 个县,则汇聚了汽车、机械、钢铁和化工等日本大部分最优质的产能。东京湾区的区域一体化和产业分工基本上是企业和市场行为,以大企业为主导的产业链在空间上延伸,各个市县自然连成一体。企业选择在人才、信息和资本最密集的东京建总部与研发中心,在要素成本相对低廉的周边地区设厂,政府基本上都不会干预。

二、东京湾区城市群当前产业形态

东京湾区的环太平洋区位优势,在日本工业化和现代化进程中已被发挥到了极致。但日本国土面积狭小,区域经济发展不均衡,这就促使日本政府较早意识到国土综合利用的重要性。明治维新以后,日本经济发展依次经历了从"产业立国"到"贸易立国"再到"技术立国"三个重要阶段。

为消除经济发展的二元结构问题,日本早在 1950 年就制定了《国土综合开发法》,这是日本第一部关于国土开发的基本法。此后又陆续制定了百余部国土开发直接法、间接法和配套法,建立了完善的国土开发法律体系。例如,1956 年日本制定了《首都圈整备法》,以此来保障城市区域的开发。此后分别于 1963 年和 1966 年制定并公布了《近畿圈整备法》和《中部圈开发整备法》等地区城市一体化开发的政策。2000 年日本制定了《国土审议会令》,2011 年又公布了《基于首都圈整备法等的大都市圈政策再评价》报告,此后还每年出版《关于首都圈整备的年度报告》,向公众展示首都圈规划建设的成果与问题。这些法律文本及政策,对日本首都圈的建设与发展起到了极其重要的作用。

同时,在 1950 年制定的《国土综合开发法》的基础上,日本政府先后制定了六次国土开发政策。并随着国土规划的深入，日本不断对国土规划的法律进行修改、完善，1974 年修改为《国土利用规划法》。

日本第一次《全国综合开发规划》于 1962 年 10 月公布，实际执行年限为 1962—1968年。该规划是战后日本依据《国土综合开发法》制定的第一部综合性国土开发规划，为了便于与此后制定的全国综合开发规划相区别，一般称其为"第一次全国综合开发规划"，简称"一全综"。"二全综"于 1969 年 5 月公布，实际执行年限为 1969—1976 年。该规划以实现高福利的社会，创造一个适宜人类生存的优美环境为总目标。"三全综"于 1977 年 11 月公布，实际执行年限为 1977—1986 年。该规划的总目标为，以有限的国土资源为前提，有效地发挥区域特色，立足于传统文化，协调人与自然的关系，创造一个适宜人类居住的综合环境。"四全综"于 1987 年 6 月公布，实际执行年限为 1987—1997 年。该规划的总目标为，构建多极分散型的国土开发框架，即发展具有职能特色的多极轴线，改变人口、经济职能和行政职能在地域上的过度集中，推进地区间形成相互联系和相互交流的网络，以此深化地区间的分工与合作。"五全综"于 1998 年 3 月公布，实际执行年限为 1998—2007 年。这次规划的正式名称为《21 世纪国土宏伟蓝图——促进区域自立与创造美丽的国土》。2008 年日本改《国土综合开发法》为《国土形成规划法》，颁布了第六次国土规划，实际执行年限为2008—2020 年。

从日本六次国土开发计划来看，日本的区域发展战略不仅研究了社会基础设施、生活和文化设施的建设，还重点考虑了自然环境的保护问题，指导地方政府和企业的投资方向，避免盲目建设。

东京湾区内分布有佳能、索尼等大型企业，以及横滨国立大学、庆应大学等著名学府，其成功经验主要在于建立了专门的产学研协作平台，国家经费支出更多向大学和科研单位倾斜，提升第三产业比例以提高湾区的竞争力和区域生产力水平。

三、东京湾区城市群的经济增长因素

东京湾区经济带从开发至今，一直以制造业为主导产业，保持了"世界工厂"的称号。同时，东京湾区是日本港口（经济）最集中，也是世界港口最发达的地区之一。

1. 重视市场配置资源的基础作用与政府规划主导和干预相结合

东京湾区区位优势的开发利用，首要问题在于规划整治。没有规划的开发是掠夺式的开发，不加整治的利用将导致区位资源的损毁。开发利用是市场机制发挥资源配置的基础作用，规划整治需要政府科学地导向与干预，二者缺一不可。日本土地稀缺、区域经济发展不平衡，促使日本政府较早地意识到国土资源开发利用和规划整治的重要性。1950 年日本政府就制定并颁布了《国土综合开发法》，1956 年 4 月制定并颁布了《首都圈整备法》，同时依法制订相应的开发实施计划。从 1962 年到 2008 年的 46 年中，先后六次对东京湾区的规划和开发方案进行修改。

2. 积极借鉴国外先进发展规划经验，形成自身特色

日本是岛国，平原狭小、地形破碎、资源贫瘠，能源、工业原材料和产品销售市场"两头

在外"。但日本依托港口城市和沿海优势,实现了规模经济,节约了成本。日本经济发展长期实行贸易立国与技术立国战略,在工业化的基础上实现了现代化,大进(煤炭、石油和矿石资源等)大出(工业制成品,汽车和电子等)的经济运行特点进一步凸显,并且在引进、消化和吸收欧美技术的基础上,形成了具有强大竞争力的产品创新和升级换代能力,抢先占领国际市场,成为继美国之后出现的又一个"世界工厂"。

3. 城市功能分工明确,集聚效应发挥最大化

经过多年的发展,东京湾区港口城市群已经形成了鲜明的功能分工体系,各主要港口城市根据自身的基础和特点,承担不同的功能。在分工合作、优势互补的基础上形成组合,共同揽货、整体宣传,各个港口便形成了一个多功能的复合体,充分利用了资源,增强了综合竞争力。例如,东京是日本最大的经济、金融与交通中心,千叶市则是京叶工业区的重要组成部分,是日本的重化工基地之一。

4. 发达的产业集聚需要完善的公共交通网络作支撑

日本贸易依存度极高的重化工制造业,主要集中在沿海港口城市。大企业和相关产业向沿海港口城市的集聚,促进了东京湾区公共基础设施的大规模建设。东京湾区城市群是日本航道、铁路、公路、管道和通信等网络密度最高的地区,其铁路网呈放射状,外围有"山手线"和"武藏野线"两条环形线,内环有密集的高速公路网,在距市中心50千米半径范围内的汽车日流量超过500万辆次,东京羽田机场日本国内年定期航线升降90 000架次、国际44 000架次,日本国内旅客流量573万人次、国际旅客流量216万人次,仅东京港一个港口每天进出港的船舶就近千艘,年货物运输量超过6 000万吨。

5. 人才集聚促使湾区成为教育和科研机构高度密集的地区

东京一个市就集聚了全日本120所大学的五分之一和30%的大学教员,集聚了全日本四分之一的民间研究机构和二分之一的Top(顶级)技术型公司。1972年,筑波科学城建成后,一些日本国立研究机构和大学才从东京迁移过来,但东京仍然是研究机构的集中区域。

我们应当看到,国外湾区在发展过程中存在着一些问题。比如开发期间,东京湾区周边地区的农业劳动力大量涌入东京湾区的城市中,城市人口成倍增长,企业大规模扩建,曾一度出现无序发展的势头,污染、公害、交通拥挤、供水困难等问题日益突显,还曾出现过"水俣病",这些都是我国在湾区开发过程中应该尽力避免的。

第九章　世界三大湾区城市群的综合对比

第一节　世界三大湾区城市群的特色对比

一、从经济角度对比三大湾区的特色优势

1. 从金融业发展来看

三大湾区金融行业发达,存在细微差异。纽约湾区是全球规模最大、最发达的金融中心,拥有全球市值最大的纽约证券交易所和全球市值第三的纳斯达克证券交易所,金融保险业占湾区 GDP 的比重高达 16.1%。世界 100 家著名银行中,90% 以上在纽约设有分支机构。东京湾区作为亚洲金融中心,是日本最主要的银行集聚地,也是世界上最大的证券交易中心,拥有日本最大的东京证券交易所,占日本全国证券年交易总量的 80%。旧金山湾区则是以风险投资著称的专业性科技金融中心,科技银行业务尤为发达,旧金山是重要的区域金融中心。

2. 从服务业来看

三大湾区服务业强大,纽约湾区居首位。三大湾区 GDP 主要由第三产业构成,第三产业增加值比重均在 75% 以上,其中纽约湾区第三产业比重最大。2012 年,纽约湾区第一、第二、第三产业增加值比例为 0:10.65:89.35。相比较而言,东京湾区和旧金山湾区均形成了以第三产业为主导、以高科技制造业为支撑的产业结构。2012 年,东京湾区第一、第二、第三产业增加值比例为 0.27:17.46:82.27,旧金山湾区第一、第二、第三产业增加值比例为 0.28:16.95:82.76。上述比值显示,纽约湾区第三产业占当地生产总值近 90%,领先东京湾区和旧金山湾区 7 个百分点。

3. 从综合实力来看

从占地面积、人均 GDP、全球金融中心和世界 500 强企业数量来看,纽约湾区综合实力明显强于其他两大湾区。2018 年统计,旧金山湾区人均 GDP 为 100 386 美元/人,纽约湾区人均 GDP 为 82 178 美元/人,东京湾区人均 GDP 为 40 227 美元/人。三大湾区 GDP 总量、GDP 集中度和湾区生产总值在全国 GDP 中的占比,按规模大小分别为东京湾区、纽约湾区和旧金山湾区。

4. 从影响力来看

三大湾区影响力差异明显。纽约湾区是世界经济、金融和传媒中心,尤其在金融领域,其证券市场总值高达25.46万亿美元,约占全球证券市场总值的40%,股票交易量约占全球的45%。东京湾区是亚洲经济中心以及日本的政治、金融、制造、物流以及文化中心。旧金山湾区是全球科技中心、创新中心和风险投资中心。

5. 从产业体系来看

三大湾区产业体系存在差异。东京湾区拥有钢铁、有色冶金、炼油、石化、机械、电子、汽车、造船和现代物流等特色产业,京滨和京叶两大工业地带,集聚了丰田汽车、日产汽车、索尼、佳能、软银等众多世界顶级跨国企业。旧金山湾区率先发展信息技术产业,并推动信息服务业和新兴商业模式的发展,依靠科技创新引领全球产业发展,是谷歌、苹果、脸书等互联网巨头和特斯拉等企业的全球总部。纽约湾区重点发展金融、证券、期货及保险等产业,拥有2 900多家世界金融、证券、期货、保险和外贸机构,是世界金融心脏。

二、从影响三大湾区发展的基础因素对比三大湾区的特色优势

1. 从劳动力素质来看,旧金山湾区劳动力素质最高

旧金山湾区劳动力文化程度为本科及以上的比重达46%,纽约湾区的比重为42%,而美国平均水平为28%。从文化程度可以看出,旧金山湾区的劳动力素质具有很大优势,这种优势源于两种因素:一是风险资本在旧金山湾区高度集中,美国有超过40%的风险资本集中在旧金山湾区,这不仅促进了科技技术及密集型产业的发展,还增加了对高素质科技型人才的需求;二是该地区公共和私营研究机构加大了研发投入,对受过良好教育的人才产生了需求。

2. 从配套设施来看,三大湾区各有优势

东京湾区鼓励私营资本投资公共交通,重点发展地铁轨道网络,东京湾区是日本铁路、公路、管道和通信最为密集的区域。如东京市内拥有6条新干线、12条JR线、13条地铁、27条私铁、其他轨道交通线4条共计62条。纽约湾区城市群主要由政府主导重点发展空港航空,纽约港拥有三大机场,分别为肯尼迪国际机场、拉瓜迪亚机场以及纽瓦克自由国际机场;纽约地铁线路错综复杂,轨道长度约为1 370千米,共设有472座车站。与其他两大湾区相比,旧金山湾区除了高度发达的交通运输业网络系统,还有和交通联系紧密的信息产业推动着湾区经济的发展,且建立了公有公营的城际轨道交通体系,区域城市间实现公交化运营。

3. 从环境治理方面来看,三大湾区城市群发展路径存在差异

从东京湾区城市群来看,曾经京滨和京叶两大工业带造成了用地紧张、供水不足、工业废水废料直排入海和空气污染等一系列问题,并引发了严重的社会危机。此外,东京湾区

大规模的填海造地也对生态环境造成了严重的负面影响,如纳潮量减少、海水污染导致水质变差、海洋生物资源退化等。日本政府经过三十多年的努力,使东京湾区环境得到了大幅度改善。纽约湾区在发展过程中也曾出现用地紧张、房产价格上升和城市拥挤等现象。为了解决上述问题,东京湾区政府和纽约湾区政府采取了不同的治理模式:纽约湾区采取了跨行政区的组织协调以强化规划实施力度、加强公共交通基础设施建设、兴建公共住房等措施;东京湾区采取了促进产业结构调整、加强公共交通建设和公共服务均等化等措施来缓解上述问题。旧金山湾区遵循可持续发展的"3E"原则,在产业发展、环境治理保护、解决住房和交通问题、促进可持续发展问题上采取一系列措施,使湾区成为富有国际竞争力的生活和工作区。

第二节 世界三大湾区城市群的发展模式对比

"发展模式"即为一个国家、一个地区在特定的生活场景中,在自己特有的历史、经济、文化等背景下所形成的发展方向,以及在体制、结构、思维和行为方式等方面的特点,是世界各国或地区在现代化进程中对政治、经济体制及战略等的选择。

一、从政府对湾区发展战略来看,三大湾区存在显著差异

1. 政府对湾区整体规划

各国政府都对三大湾区进行了积极规划,但侧重点不同。如日本政府主要运用交通规划、新城规划和产业规划对东京湾区城市群进行产业结构规划及调整,目的是形成规模不一、产业互补的现代服务功能区以及制造业加工区。在纽约湾区,纽约区域规划协会制定的城市规划主要针对湾区所产生的管辖盲区和治理低效,为了防止区域发展停滞以及提高政府效率而提出的全面改善策略。

2. 政府对产业的干预程度

三大湾区政府的干预程度存在差异。日本政府自上而下就其首都圈各县的产业功能定位进行了规划,并根据发展形势的演变而不断调整,各地区职能存在差异但又有所重叠,日本政府对东京湾区内各大港口也进行了明确有效的分工,有效避免港口之间的恶性竞争。相比之下,旧金山湾区区域分工缺乏政府主导且产业结构相对简单,最主要的特征是湾区内三大城市依据其自身资源、位置等内在优势,自然形成不同功能定位实现协同发展,目前已经跨越了内部分工协同发展阶段,城市作为区域划分的粗放型分工形式已经逐渐被更精细的区域分工形式所取代。

二、从经济发展模式来看,三大湾区存在显著差异

1. 核心产业驱动模式

东京湾区产业特征为"制造业＋港口贸易"的双驱动模式。旧金山湾区的模式与东京

湾区类似,但受创新科研投入的生产要素驱动影响,其产业链向上延伸,实现了以"研发 + 制造 + 贸易"的新型湾区经济模式。而纽约湾区受金融投入的生产要素驱动影响,其产业链向下延伸,实现了以"贸易 + 金融"的网络型湾区经济模式。

2. 创新模式

纽约湾区城市群主要是政府推动、引导,科学招商引资,提出"数字纽约",为高科技公司提供最完善的信息服务。东京湾区城市群则主要由财团推动,大财团会投入大量研发经费和大学合作促进科研转化能力的提升。旧金山湾区城市群依托全球知名学府,以人才为本,有完善的投贷联动的金融体系,更有无法复制的创新氛围。

3. 增长极演变

东京湾区自 20 世纪 60 年代起,作为核心增长极的东京,制造业尤其是机械工业成为东京增长极的推动型产业。后来为了缓解中心城区的压力,东京向服务业转型升级,将重化工和制造业向横滨县与千叶县迁移,实现了向以高端制造业和服务业为主导产业的多元经济结构转型升级。在旧金山湾区方面,其核心增长极为旧金山,18 世纪前后爆发的淘金热使美国人口快速向旧金山附近集聚。创新产业成为旧金山核心增长极的推进型产业。在纽约湾区方面,19 世纪成长为以制糖、轻工和服装业为主要支柱的国内制造业中心,其核心增长极为纽约。第二次世界大战后,纽约制造业步入衰退期,纽约湾区通过不断强化金融中心的地位,形成以华尔街为中心的金融贸易集群,现在其核心增长极为金融产业。不同于东京湾区单一城市东京为增长极,旧金山湾区拥有包括旧金山、圣何塞、奥克兰在内的 3 个增长极,而纽约湾区也依托纽约、波士顿、华盛顿三大城市作为经济增长极。

4. 产业发展与"宜居、宜游、宜业"

三大湾区在产业发展中各有侧重。纽约湾区多次出台吸引创新人才居住的计划,通过综合性文化规划《创造纽约》,吸引文化创意人才停留、居住,建设宜居的国际化城市。旧金山湾区是国际著名的创业圣地,涌现出大批互联网创业"百万富翁",宜业风潮旺盛。东京湾区除了产业发展势头强劲,也是著名的宜游城市,旅游产业规模最大的六个国家和地区中日本排名第四,世界知名杂志《Monocle》评选出的全球最宜游的 25 座城市中,东京在 2015—2017 年都是第一名,2018 年居于第二位,"好玩的东京湾"由此被称为宜游湾区。

第三节　世界三大湾区城市群的共性与特性

一、湾区发展的环境优势

1. 湾区的区位条件优越

三大湾区良好的地理区位,丰富的自然资源,特别是港口资源成为湾区经济发展的先天优势,如避风、水深和防冻等优点,从而适于建造大小不一的港口,形成港口群。另外,由于湾区靠近海洋、海湾,环绕大面积水域,温差较小,由此形成了宜人的自然环境和优良的生态环境。

2.湾区的人口优势

三大湾区人口众多,拥有较高文化水平的人力资源和具有熟练技能的劳动力资源优势,是湾区经济不断发展的有力保证。

3.湾区基础设施完善、交通网络发达

湾区交通体系便捷、发达,并呈一体化发展,海港航运、空港航空、地铁轨道形成网络以及基础配套设施完善,这些都有力地促进了湾区整体经济的发展。

4.包容开放的文化特质

湾区依托港口作为连接内陆和国际市场的重要节点,具有天然开放的属性,湾区拥有高度开放包容的环境和充满竞争性的工作机会,吸引了大量移民人口集聚,来自世界各地的多元文化不断碰撞融合,进一步促进了湾区的开放和创新发展。

二、湾区发展良好的跨区域协调整合机制

湾区经济一般涉及多个行政区,不管是产业分工合作、城市基础设施衔接,还是生态环境保护,都需要区域协调。发展成熟的湾区经济均有合理的分工协作体系,包括加强统筹规划、明确城市与港口的角色定位等。

1.具备长期前瞻性的都市圈规划理念

湾区经济需要协调城市经济与生态环境的发展,并且基于当时的社会背景,制定超越时代的、着眼于未来经济社会的发展规划,以促使都市圈经济的协调统一发展。

2.设立区域联动的相关政府或非政府组织机构

如纽约区域规划协会以及纽约都市圈委员会等组织是纽约湾区管理和规划方案的主要起草机构。日本的总务局、建设局、都市整备局统一负责东京湾区的区域经济社会发展的各项事务,东京都政策计划局负责区域未来发展的规划,港湾局负责东京都临海区域的港口建设、维护和运输等事务。

三、强大的科技创新能力

科技创新是湾区经济产业发展的共同特征,也是企业集群形成和发展的关键。产业结构升级需要以强化自身的科研开发能力为主导,增强技术创新能力,以此引发产业集聚,进而与周边城市形成产学研功能联动关系。科技创新是助推产业升级的最优路径和湾区经济体得以持续发展的本质动力。

1.具有强大的原始创新能力

世界三大湾区依托区内相对集中的研究型大学和科研机构,以人才为纽带,大学、科研

机构与企业之间开展了紧密的合作,湾区的原始创新能力得到了极大的提升,并推动了湾区内知识生产、技术商业化和创新扩散。

2. 具有国际化的创新网络

世界三大湾区通过集聚国际化创新人才和全球创新企业,发展包容开放的创新文化,形成链接全球资源的创新网络。一是三大湾区具有强大的人才资源吸引能力,集聚了一批国际化高端人才,如旧金山湾区拥有一百万名以上来自世界各国的科技人员,仅硅谷就有近四分之一的诺贝尔奖获得者、七千多名博士;此外,大量技术移民的涌入让不同母语、不同文化背景的工程师、科学家和企业家成为联结企业与其母国科技中心的纽带。二是一批具有国际影响力的企业能够有效吸引全球创新资源。

四、完善的产业结构及体系

1. 湾区是具有国际竞争力的产业体系

世界三大湾区均通过打造特色产业进一步集聚产业资源。东京湾区作为日本工业最为发达的地带,集聚了钢铁、有色冶金、炼油、石化、机械、电子、汽车、造船和现代物流等特色产业,京滨、京叶两大工业地带以东京为中心,分别向环抱东京湾区的两侧延伸,集聚了众多世界顶级跨国企业。旧金山湾区在后工业化时代,率先发展信息技术产业,并推动信息服务业、新兴商业模式的发展,依靠科技创新引领全球产业发展,是谷歌等互联网巨头和特斯拉等企业的全球总部。纽约湾区重点发展金融、证券、期货及保险等产业,拥有2 900多家世界金融、证券、期货、保险和外贸机构,是世界金融心脏。

2. 湾区内城市间产业互补

首先,湾区以中心城市发展主导产业,带动周边城市的配套产业。其次,各城市还可以创造自身的比较优势,而不是仅仅依赖资源要素禀赋发展,使集聚经济、规模经济等后天培养的比较优势逐渐主导城市间的分工与协作。再次,资源要素禀赋较低的城市可通过选择正确的经济发展政策,建立具有竞争性的产业组织结构,促进都市圈协调发展,发挥整体集聚的优势。

3. 湾区拥有开放的产业结构

开放是湾区经济发展的先决条件和根本优势,世界三大湾区的发展得益于最先吸纳外商投资、引进国外先进技术和生产方式,率先接轨世界经济,同时对周边区域产生巨大的产业外溢效应。而湾区周边区域为谋求自身发展,主动承接产业转移,建立起开放性的城市群网络空间,在城市群间形成了横向经济关系,密切沟通与联系的双向开放经济空间,有效地促进了城市群创新要素的流动。

第十章 世界三大湾区城市群的发展经验与启示

湾区城市群的发展与规划是一个复杂且长期的过程,不是一蹴而就的。学术研究者通过对世界三大湾区城市群的特征与发展历史进行梳理,得出一些经验与启示。

第一节 纽约湾区城市群的发展经验与启示

纽约湾区作为国际湾区之首,是美国经济核心地带,更是世界金融的核心中枢以及国际航运中心,它的成功为我们带来了如下启示。

一、定期制定各项规划,推动城市群健康发展

1. 定期制定城市规划

纽约作为纽约湾区大都市区的核心城市,辐射范围远远超出了纽约市甚至纽约州的政府管辖范围,随着纽约湾区城市群所覆盖的空间范围不断扩张,跨州建设的大都市区所产生的管辖盲区问题和治理低效等问题严重阻碍纽约湾区城市群的进一步发展。1922 年成立了纽约地区规划委员会,即后来的纽约区域规划协会连续五次制定城市规划。第一次是在 1929 年,协会发表了世界上第一个关于大都市区的全面规划即《纽约及其周边地区的区域规划》,以应对城市爆发式增长、物质空间建设落后于经济增速等问题;第二次在 1968 年,目的是解决郊区蔓延和城区衰落问题;第三次在 1996 年,以应对外部全球化竞争、内部社会环境恶化和区域发展停滞等问题;第四次是在 2017 年,为了解决湾区内发展不平衡,高消费、低效服务以及政府机构响应速度迟缓等问题。定期制定城市规划是让纽约湾区成功克服不同挑战、取得与时俱进的城市竞争力的重要砝码。

2. 定期制定交通规划

纽约和新泽西港务局通过改善、兴建交通和海港设施形成高效便捷的交通网络,最后合理的布局和交通帮助城市群完成卫星城市的人口疏散和中心城市的复兴,形成合理的区域分工格局。

二、通过合理的产业布局,推动纽约湾区城市群经济高速全面发展

1. 大力发展总部经济

全球性的金融机构如世界银行和国际货币基金组织等总部均设在纽约湾区。打造优

美整洁、舒适便利的人居环境,建立完善的中央商务区交通网络,同时加强步行道路交通系统与公共交通如地铁和公共汽车站点的接驳,是吸引"总部经济"的重要条件。改善总部企业发展所需的认证、人才等配套服务,加大对总部企业的人才培养和引进、交往。加强知识产权保护的执法力度,确保外资企业在纽约湾区发展的公平性和平稳性。

2. 大力发展服务业,尤其是金融业

纽约湾区第三产业创造的经济价值占湾区 GDP 总量的 90%,拥有美国最大的商贸中心和港口,且金融业占国民经济核心地位,纽约被称为是世界金融中心,世界知名的跨国银行和多家全美著名的大银行总部均集中在纽约。金融业的迅猛发展是纽约湾区成为世界湾区之首的关键因素,为推动湾区城市群产业发展提供了强力支撑。

3. 大力发展新型服务业

纽约也建立了强大的新型配套服务业。在纽约,美国排名前六的会计公司有四家,排名前十的咨询公司有六家,排名前十的公共关系公司达到八家。

4. 城市群产业布局合理,优势互补

纽约拥有最为发达的商业和生产服务业,作为全美金融商贸中心为整个地区提供服务。波士顿以其最具特色的高科技和教育产业成为世界闻名的生物、电子和宇航中心;费城港是美国最繁忙的港口之一,成为纽约都市圈的交通枢纽;华盛顿是全美政治中心,全球要素资源配置的核心节点。各城市分工协作,功能定位合理,形成多元化和互补性的产业结构。

5. 重视科技创新,推动产业集聚及升级

纵观纽约湾区的发展历程,几乎每一次技术革新都推动了产业结构的转型升级,所形成的新产业均成为其经济支柱,一大批微电子、生物大数据、互联网等领域的科技企业集聚并带动产业转型升级。

三、良好的人文环境以及基础设施是纽约湾区城市群发展的保障

1. 注重教育和人才培养

纽约的教育体系十分健全,制定了适应市场需求的教育培训政策,对于学有专长的移民减少限制,增加人才供给量。

2. 优越的地理位置

纽约港是天然的深水港,这为湾区的发展奠定了基础。最早来自世界各地的移民就是通过纽约港踏上了美国的土地,这些移民为纽约的发展做出了重要贡献。同时,通过港口运输,大批的货物被运送到纽约湾区,给湾区人民的生活带来便利。依托海洋贸易,仅用了五六十年的时间,纽约的制造业产值便跃升至全美第一,成为美国的制造业中心之一。

3. 完善城市基础设施保障交通运输

纽约拥有发达便利的海运、空运和陆运资源。纽约作为全国重要的海港之一,拥有独特的海港地理优势,交通非常发达。

第二节 旧金山湾区城市群的发展经验与启示

总体来看,旧金山湾区从萌芽期到发展成熟期,虽历经160多年,但其核心发展阶段主要集中在第二次世界大战以后,尤其是硅谷崛起后。纵观其发展史,在湾区的发展过程中,旧金山湾区城市群抓住了三次科技革命的历史机遇,引导各种要素资源加快向湾区集聚,实现了产业的升级和跨海交通的通达,形成了以中心城市为核心,以周边腹地为支撑的开放型经济体系,其科技创新、金融支撑、产业互补和政策文化环境是旧金山湾区最核心的驱动因素。

一、突出创新驱动,以世界创新中心引领湾区经济发展

1. 高新技术企业与机构是旧金山湾区引领全球科技的基础

旧金山湾区是高新技术的发祥地和世界科技中心,斯坦福大学、加利福尼亚大学旧金山分校、加利福尼亚大学戴维斯分校、劳伦斯伯克利国家实验室、劳伦斯利弗莫尔国家实验室、桑迪亚国家实验室、美国国家航空航天局艾姆斯研究中心和斯坦福直线加速器中心均在此地落户。湾区拥有比美国其他任何地区更多的起先锋作用的高新技术和生物工程公司,科研氛围浓郁。以人才为纽带,大学、科研机构与企业之间建立紧密的合作关系,促进研究成果向科技成果转化。目前,旧金山湾区引领着全世界二十多种顶级产业。

2. 风险投资机制为企业创新发展保驾护航

旧金山湾区构建了科技金融支撑体系,包括风险投资在纳斯达克市场的退出机制、机构投资者市场准入制度、风险资本盈利税率优惠政策和以提供短期流动性资金支持的债权融资"科技银行"的建立。旧金山湾区的私人创业基金机构有三十多家,为企业创新创造了良好的发展环境。

3. 技术转移服务机构是创新成功的最大原因

技术转移服务机构可以将大学的研究成果推荐给企业,并将企业的需求反馈给学校,这就是硅谷的灵魂,其重要性远远超过了风险投资。企业和学术单位之间的信息完全透明,技术转移公司为企业提供精准的创新方案。

4. 政府为旧金山湾区创新发展提供有力支持

美国政府虽不积极干预产业发展,但强调以引导性政策促进研发活动和培育创新环

境,形成政府对硅谷创新的政策支持机制。例如,加州政府每年的政府采购总额约一百亿美元,通过政府采购对新兴产业和中小企业进行扶持。加州政府还出台研发税收抵扣政策,给予企业内部研发和外部研发不同的研发税收抵扣比例,以及放宽高新技术人才移民的签证限制等,促进旧金山湾区科技创新。

5. 高素质移民为旧金山湾区的创新奠定了基础

纽约湾区约三分之二新增人口是移民,移民人口呈现两个显著特点:一是大部分移民有较高的素质,包括电子工程师、数学家、电子技术人员等;二是移民的年龄构成年轻,77%的移民在 44 岁以下。这些高素质的年轻人为旧金山湾区的创新奠定了基础。

6. 旧金山湾区以开放模式积极借鉴和学习

旧金山湾区不仅学习美国各个地区或城市的经济发展经验,增加湾区就业发展战略规划,还注重提炼和推广旧金山湾区次级区域和城市的成功规划经验。如在科技教育和培训方面,提炼并推广湾区北部索诺玛县的职业技术教育基金管理经验。旧金山湾区通过将各个领域的"亮点"纷纷进行串联和集中学习,让湾区的创新活力不断得到有效挖掘。

二、金融支撑,推动旧金山湾区城市群的发展

1. 贸易发展需要金融支撑

随着第二次世界大战后西部地区移民和经济机会的增加,美国与太平洋地区之间的贸易,尤其是旧金山与日本之间的贸易在 20 世纪 60 年代快速增长,使旧金山湾区在国内外金融市场进一步扩张。以美洲银行为代表的金融服务改革,促使银行业实力不断增强。

2. 科技发展需要金融支撑

旧金山湾区本身金融实力较强,尤其是在硅谷崛起之后,以硅谷为产业链带动的科技金融业成为其显著标志。旧金山金融中心成为风险投资的沃土,旧金山湾区汇聚全球众多的银行、保险、证券、风投基金等跨国金融巨头,同时金融服务向科技企业倾斜,形成了"科技 + 金融"生态圈。

3. 产业集聚需要金融支撑

包括计算机、电子信息、生物、空间、海洋、通信、能源材料等产业的集聚,让旧金山湾区金融中枢的资金辐射力度不断增强,并为周边产业尤其是高新技术企业的投融资畅通渠道。

三、产业互补

旧金山湾区区域内各城市定位明确,错位发展,合作共赢。湾区内各区域的差异化定位,形成优势互补、协同效应强的产业功能分区,通过发挥各自优势,城市产业差异化定位。

旧金山湾区在发展的过程中,形成了中心城市及其他城市的错位协同发展,旧金山的西部金融中心地位进一步得到巩固,商贸和零售业也快速发展;奥克兰历经曲折发展,港口和新兴经济占主导地位;圣何塞则依托硅谷,逐渐成为湾区的科技创新中心。旧金山市产业以旅游、商业和金融为主,是美国重要的金融中心;以奥克兰为中心的东湾是重工业、金属加工业、石油业和航运业的集中地;北湾则以农业为主,是美国知名的葡萄酒产地;南湾是硅谷的所在地,高科技产业领先世界;连接旧金山市和南湾的半岛地区地产业发达。湾区内产业多样化且功能分区明确,实现了各城市间的良性竞争。

四、良好的配套产业体系加快湾区经济发展

1."专业化"分类治理模式,有效解决公共治理问题

为了集中解决湾区城市群发展过程中面临的公共治理问题,旧金山湾区采取了"专业化"分类治理模式,该模式有效地打破了湾区内城市行政边界,提高了湾区内部公共事务处理的专业性和透明度。该模式由四大支柱组成:湾区交通问题方面,由大都市交通委员会(MTC)进行统一管理;湾区土地使用问题则由湾区政府联合会(ABAG)统一规划;湾区空气质量问题由湾区空气质量管理局(BAAQMD)负责;湾区海滨事务由湾区保护和发展委员会(BCDC)来处理。

2. 良好的自然、生态、文化和社会环境

旧金山湾区通过每年高达 600 亿美元的资金投入,在交通、住房、环境保护等方面打造具有吸引力的宜居环境。例如,为了实现交通网络升级,增强城市交通的便捷性,降低汽车使用强度;进行合理的土地开发空间规划,在城市区域内划定优先发展区和潜在优先发展区发展现代产业,避免因产业发展需求大规模开发绿地;强化湾区北部地区特色农业的发展,实现特色农业品牌效应;提供就业人口住房建设,满足因经济发展和人口增加而带来的住房需求;通过"低于 2 ℃联盟"协定,承诺到 2050 年温室气体排放比 1990 年降低 80% ~95%。另外,旧金山湾区作为美国第五大城市群和高科技产业集中地区,依然保留着多丘陵的海岸线、海湾、森林山脉和旷野。

3. 基础设施的投入,为湾区发展提供了基本保障

从 1972 年第一条城际轨道通车以来,旧金山湾区捷运系统不断改变着湾区各城市的职住关系。截至 2017 年 3 月,湾区轨道交通已通车线路达 10 条,2016 年统计,平均周客运量 44.34 万人次。尤其是 2017 年 3 月硅谷—沃姆斯普林斯延伸线的建成,让硅谷与其他城市联系更加密切。旧金山湾区大量基础设施的投入,加快了湾区经济的发展。

第三节　东京湾区城市群的发展经验与启示

一、协调机制的建立——促进东京湾区城市群持续发展

1. 智库对湾区城市群发展的协调作用

东京湾区城市群智库包括日本开发构想研究所、东京湾综合开发协议会等。湾区开发意味着规划智力资源在该区域更加密集地投放,意图实现更丰富的规划发展目标,因此在这个整体性过程中应充分考虑不同层次目标的需求、不同部门及各地方政府之间的统筹协调关系。但是日本政府如国土部门、交通部门和产业部门对于各区域经济的发展有着各自的规划和部署,同时各个城市基于自身的角度、资源条件和基础,对于城市的发展和战略部署也有各自的规划及安排。

在东京湾区城市群的开发过程中,日本的决策者不断进行着更替,难以保持湾区城市群建设的长期性和协同性。智库可以全面地把握整个湾区的发展规划,因此规划的衔接是由各种智库来实施的,他们参与协调并主导各类规划,政府并不出面。在一定程度上避免了跨区域情景下人员职能的重叠,以及手续烦琐冗杂带来时间、人力、物力上的无效消耗,在提高规划效率的同时,能以长远的眼光看待整个区域的协调发展。

2. 政府对湾区城市群发展的协调功能

首先,通过政府的政策引导和市场调节,实现了港口在大都市经济圈内联动、错位发展的港口格局。日本政府制定了《港湾法》《东京湾港湾计划的基本构想》,经过多年发展,东京湾区港口群形成了鲜明的港口职能分工体系。

其次,日本政府通过制定合理的产业政策和充分重视科技创新,使得工业逐渐从东京中心地区迁移出去。

最后,日本政府还颁布法律协调湾区城市群的发展,如《首都圈整备法》等法律法规推动东京都市圈规划发展。

总之,日本政府通过对湾区城市群的交通、环境、信息共享、平台建立、产业一体化和行政体系改革等方面的政策措施,引导其建设与发展。

二、专业化和功能互补——错位发展

1. 湾区城市功能互补,产业结构不断优化

专业分工和错位发展,为最大化利用各个城市优势、突破地域面积狭小和人地关系紧张等障碍奠定了基础。一是宏观方面,湾区避开周边发达地区的强势产业形成独具特色的产业群体;二是湾区内部,避免产业结构趋同与重构,实现区域间的分工与协作,加强优势整合,有效避免湾区内产业同质化竞争。产业结构优化是东京湾区经济快速发展的重要

因素。

东京湾区的产业结构调整与升级过程分为三个阶段：一是 20 世纪 60 年代之前,形成京滨、京叶两大工业区产业集群,是工业化初级阶段;二是 20 世纪 60 年代之后重工业向湾区外迁阶段,20 世纪 80 年代开始,重视京滨、京叶两大工业区的发展,是向技术密集型产业转型阶段;三是 21 世纪后,东京重点发展高附加值、高增长的服务业,特别是金融业,东京湾区向以知识经济为主导演进。这种"工业分散"战略在政府合理引导与市场充分发挥主体调节功能的双重作用下,有利于实施错位发展,增强区域特点和竞争力,最终有利于东京湾区城市群产业结构优化升级。

2. 七大海港发挥各自优势形成合作

东京湾区内的七大港口首尾相连,为了避免恶性竞争,日本于 1951 年制定了《港湾法》,针对港口管理进行了细致的规范。1967 年,日本运输省港湾局制定的《东京湾港湾计划的基本构思》中,建议将东京港、千叶港、川崎港、横滨港、横须贺港、木更津港、船桥港在内的七个港口统一规划整合,形成一个具有不同分工的有机群体。东京还专门成立了京滨工业区港口协会来对川崎、横滨、东京三市进行统一管理,提升港口的使用效率。东京湾区港口群保持各自独立的统一规划,通过整体宣传共同揽货各有分工,不仅提升了湾区港口群整体知名度,形成统一的港口品牌,更增强了整体竞争力。

三、注重创新——产业向现代化转变

1. 高度重视科技创新

一方面是高校院所集聚,东京湾区拥有东京大学、早稻田大学、东京都市大学、横滨国立大学、庆应义塾大学（东京）等 120 多所大学,占日本大学总数的五分之一以上。东京湾区各大学积极推进科技成果转化,创建产学研协作创新平台,建构了一个不断发展的竞争性创新创业循环生态系统,促进了湾区科技创新的可持续发展。

另一方面确立企业科研主体地位,引导企业加强研发经费投入,培育技术创新能力,日本企业每年研发经费投入占日本研发经费总额的 80%,目前东京湾区已培育出一大批具有技术研发能力的大型企业。

2. 工业化向现代化转化

东京湾区城市群从开发至今,一直以制造业为主导产业,保持了"世界工厂"的称号,在大进（煤炭、石油、矿石资源等）大出（工业制成品,汽车、电子等）的经济运行模式中,不断由工业化向现代化转化,具有强大竞争力的产品创新和升级换代能力。

四、高效的基础设施

东京湾区城市群拥有规模令人吃惊的轨道交通网络,其基建网络由多部门协作完成,是包含公路、铁路、桥梁、高速公路、隧道、机场、非机动车及人行通道的整体基建系统。东京湾区拥有全世界最密集的轨道交通网,湾区内80% ~90%的通勤客运依赖轨道交通。构建便利的区域交通网络,使湾区内的物流、技术流以及资金流等都能在更短的时间内完成配置和投放,提升企业经营效率和人员工作效率,提升公共交通的便利性,促进东京湾区的城市网络效应,为东京湾区城市群的快速发展提供了便利和支持。

第十一章　中国大湾区的发展现状

第一节　国家"一带一路"倡议

2013 年 9 月和 10 月,习近平同志在出访中亚和东南亚国家期间,先后提出共建"丝绸之路经济带"和"21 世纪海上丝绸之路"的重大倡议和战略构想,得到了国际社会的一致好评与广泛响应。"一带一路"倡议是一个复兴古代丝绸之路、联系东西方的横跨大陆和海上贸易之路的伟大计划。

一、"一带一路"的提出

"一带一路"倡议是中国的全球供应链战略,互联互通、合作共赢,打造全球经济命运共同体,将重塑全球供应链。

2014 年 11 月 8 日,习近平同志在亚太经合组织会议上指出:现在需要对接各国战略和规划,找出优先领域和项目,集中资源,联合推进,这有利于降低物流成本,创造需求和就业,发挥比较优势,在全球供应链、产业链、价值链中占据有利位置,提高综合竞争力,打造强劲、可持续、平衡增长的亚洲发展新气象。

这就是中国的全球供应链战略框架,在以后的诸多国际会议上,习近平同志反复重申了这一战略理念。2014 年 12 月 5 日,习近平同志在政治局第十九次集体学习会议上指出,中国要"勇于并善于在全球范围内配置资源"。

提出与推进"一带一路"的意义,可以从不同的角度去理解,其中最重要、最核心的是推进"一带一路"沿线国家经济发展模式的改变。这种模式就是全球供应链,包括国家供应链、产业供应链、城市供应链与企业供应链,通过市场化运作实现国家、区域相互之间的资源优化配置,经济要素的自由流动,优势互补,提升每个国家的综合国力与核心竞争力,共同打造政治互信、经济融合、文化包容的利益共同体、命运共同体和责任共同体。重塑全球供应链,可以建立一种新型的国家关系,特别是经济关系。

由中国首倡的"一带一路",对中国与丝绸之路沿线国家的多双边经贸往来和双向投资具有积极推动作用。"一带一路"倡议的提出,完全放宽了对加入贸易伙伴国的门槛设定,更不涉及任何政治要求,为全球贸易发展提供了一种新的路径选择。

当前,随着印度洋经济体崛起,尤其是伴随着中国对外改革开放的不断深化,粤港澳三地以扎实的经济基础、强劲的经济增长能力以及濒临南海、背靠内地、面向东南亚的海上丝绸之路战略要冲地位,已经成长为我国地处南海的主要经济核心区,同时还将成为"一带一路"建设的重要支撑区和核心发力点。

二、"一带一路"的本质

"一带一路"本质上是一个开放、包容的国际区域经济合作平台,没有绝对的边界,范围覆盖欧亚大陆,辐射非洲与大洋洲的战略格局,将亚太经济圈与欧洲经济圈紧密联系起来,全面对接东盟、欧亚联盟、南亚区域合作联盟、欧盟、非盟与阿盟等六大区域经济合作组织,这些区域经济合作组织都占据着重要的战略区位。从战略布局的重点区域来看,主要是围绕"丝绸之路经济带"和"21世纪海上丝绸之路"经济带进行布局的。

"一带一路"是经济贸易与文化发展的双核战略,无论是"丝绸之路经济带",还是"21世纪海上丝绸之路",都蕴含着以经济合作为基础,以人文交流为支撑,以开放包容为理念的重要内容。各国间的关系发展既需要经贸合作的"硬"支撑,也离不开文化交流的"软"助力,通过实施这一战略,可以进一步深化与沿线国家的文化交流和贸易往来,促进区域合作,实现长远发展,使沿线各国都可以吸收、融汇外来文化的合理内容,促进不同文明的共同发展、共同繁荣。

首先,在新技术条件下,"丝绸之路"具备复兴的客观条件。古老的陆路运输技术不足以承载当今世界产生规模效益的运输量。铁路和公路运输技术的发展,极大地降低了陆地运输的成本。据测算,从我国连云港到荷兰鹿特丹,如果通过丝绸之路运输,其距离可比以海运缩短9 000多千米,时间缩短近一个月,运费节约近四分之一。此外,古丝绸之路必须避开山地与沙漠,路线选择范围有限,经济、社会效益不高。而今天,我们的技术水平已经能把铁路修到"世界屋脊"。因此,与古丝绸之路相比,新丝绸之路覆盖的面积将更广,路线更密集也更发达,从而可以在更广泛的区域内把资源与市场串联起来。

其次,新丝绸之路构想充分兼顾了国际、国内两方面的战略需求。从国际角度看,丝绸之路两端是当今国际经济最活跃的两个主引擎:欧洲联盟与环太平洋经济带。丝绸之路沿线大部分国家均处在两个引擎之间的"塌陷地带",发展经济与追求美好生活是本地区国家与民众的普遍诉求,这些需求与两大经济引擎通联的需求叠加在一起,共同构筑了丝绸之路复兴的国际战略基础。从国内角度看,我国当前的发展需要兼顾地区平衡,并着力开拓新的经济增长点,复兴丝绸之路能带动经济实力较为薄弱的西部地区的经济发展,有望形成新的开放前沿。

再次,新丝绸之路设想兼顾政治、经济、安全乃至文化利益的均衡发展。中亚地区处于地缘战略要地,又是东西方文明的交汇点,新丝绸之路构想以经济合作为先导与基石,以政治合作为前提与推进手段,以促进文化交流、化解安全风险为重要目标,是具有前瞻性的综合战略规划。经济发展为基础设施建设提供了物质基础,提高了各国参与合作的意愿,政治合作消除了开展经济合作的各种人为障碍,经济发展与政治合作有助于化解安全冲突。伴随着政治、经济活动而展开的文化交流,最终将促进东西方文明的融合。政治、经济、安全、文化目标并行,使新丝绸之路构想具有突出的稳定性,不至于被安全冲突打断,反而能抑制安全冲突。

"一带一路"建设作为世界经济一体化格局之下的中国体系,以秉持共商、共建、共享原则,构建新型国际关系、引领合作共赢这一核心理念,受到沿线各国的认可和支持。随着全球经济一体化进程的不断加快,我国同世界各国的互联互通已经变得空前紧密,国内经济发展与国际社会经济联动效应已经渗透到经济发展的各个环节。习近平总书记强调,要"善于统筹国内国际两个大局,利用好国际国内两个市场、两种资源"。这就要求我们发展中国经济要加快构建更高水平的开放型经济新体制,优化对内对外布局,着力构建全方位、多层次的对外开放新格局。

三、"一带一路"的意义

"一带一路"的重点在于促进沿线各国的交流与合作,从交流与合作的方向来看,重点在基础设施、贸易、金融、文化和政策这五个方面。基础设施的联通是"一带一路"建设的优先领域,重点在于加强基础设施建设规划和技术标准体系的对接,共同推进国际骨干通道建设,逐步形成连接亚洲各区域以及亚欧非之间的基础设施网络。"21世纪海上丝绸之路"致力于构建全方位、多层次、复合型的互联互通网络,而这一要求不仅仅是简单构建良好的港口基础设施,还要求建立一个畅通、高效的物流网络,用新模式、新技术、新方法构建互联互通海陆衔接的物流通道,这就要求我国港口进一步转型升级应对新要求。

"一带一路"的建议给全世界带来了重大的意义,交通线路将会逐渐形成为这些网络服务的和相关的产业集群,由此通过产业集聚和辐射效应形成建筑、冶金、能源、金融、通信、物流、旅游等行业综合发展的经济走廊。两条丝绸之路首先是一个欧亚地区交通网络,由铁路、公路、航空、航海、油气管道、输电线路和通信网络组成的综合性、立体互联互通的交通网络;其次可以推进贸易投资便利化,深化经济技术合作,建立自由贸易区,最终形成欧亚大市场。促进新的全球政治经济秩序形成的同时,对当前世界经济版图也产生重要影响。

"一带一路"沿线覆盖71个国家,人口超过30亿人,经济总量约13万亿美元,拥有强大的经济发展潜力。据中国商务部的数据显示,2016年前11个月,我国对"一带一路"沿线国家的贸易额达8 489亿美元,占同期我国外贸总额的25.7%,其中出口5 234亿美元,进口3 255亿美元;我国对"一带一路"沿线国家直接投资134亿美元,占同期我国对外投资总额的8.3%,与沿线国家新签对外承包工程合同金额达1 004亿美元,同比增长40.1%。

综上可以看出,一方面随着我国"一带一路"不断深入推进,国内外区域经济融合发展阶段性成果日益显著;另一方面"一带一路"也为区域经济的发展带来新的机遇与挑战,而持续加强在"一带一路"沿线上各个经济区域的融合,将进一步激发区域联动,产生规模递增效应,实现古丝绸之路上的新繁荣。

第二节　国家海洋强国、海运强国战略

一、聚焦国家战略

21世纪是海洋的世纪,海洋在全球的战略地位日益突出,世界主要沿海大国纷纷把维护国家海洋权益、发展海洋经济、保护海洋环境列为本国的重大发展战略。在此背景下,2003年,国务院在《全国海洋经济发展规划纲要》中明确提出"逐步建设海运强国"的战略

目标。现阶段中国海运发展的战略目标以保障性和竞争性为主,到 2020 年中国海运发展目标要实现保障性、竞争性、引领性协同发展。

2012 年,党的十八大确立了建设"海洋强国"的国家发展战略,报告中明确提出,我国应"提高海洋资源开发能力,发展海洋经济,保护生态环境,坚决维护国家海洋权益,建设海洋强国"。在党的十九大报告中,习近平总书记强调,要建设科技强国、质量强国、航天强国、网络强国、交通强国、数字中国、智慧社会。

2014 年 8 月,国务院发布《关于促进海运业健康发展的若干意见》,提出坚持把改革创新贯穿于海运业发展的各领域各环节,以科学发展为主题,以转变发展方式为主线,以促进海运业健康发展、建设海运强国为目标,以培育国际竞争力为核心,为保障国家经济安全和海洋权益、提升综合国力提供有力支撑。

从我国海洋强国和海运强国建设的目标来看主要包括以下几个方面:一是要积极推进海洋产业和海运产业的发展,发挥海洋和海运业对区域经济发展的拉动作用;二是要推动海洋产业和海运产业的转型升级,实现产业的健康可持续发展;三是要实现由大到强的转变,提升我国在国际海洋和海运方面的话语权。

二、湾区与航运中心

作为一种成熟的区域经济模式,湾区是各国经济发展的龙头和主力,也是国际间竞争的重要载体。从世界经济版图看,全球 60% 的经济总量集中在入海口。许多地区凭借各种有利的海湾资源条件,打造出很多著名的湾区,达到了整合资源、提升发展水平的目的。这些湾区都以林立的城镇、优美的环境、开放的文化氛围和便捷的交通系统著称。世界级城市群都有着共同的特点,即高度创新、财富集聚、人才云集、包容开放、交通便捷、生活宜居。从城市竞争的角度看,世界顶级城市群一定是大城市群,而大城市群的竞争力首看湾区,尤其是各国沿海湾区,其经济和人口体量也是最集中的。可以说,湾区的高速发展离不开航运业的兴起,同时湾区也为航运业的不断壮大提供了基本的先决条件,为建设国际航运中心提供发展机遇。

从历史发展来看,国际航运中心的发展经历了三个阶段:第一阶段是以货物集散为主,拥有发达的航线网络,货量集聚,枢纽港地位突出;第二阶段在此基础上增加了加工增值性的服务,主动集散、调配产品成为物流和调配中心,除了第一阶段拥有的枢纽港地位外,同时强调延伸发展物流服务,配置物流资源,依托港口发展加工制造业;第三阶段的国际航运中心突出了对航运资源的综合配置能力,延伸发展各类航运服务产业,吸引航运服务要素集聚,成为世界性航运网络枢纽、航运服务中心和航运信息中心。从上述三个阶段来看,前两个阶段的航运中心更突出强调"港口",即以枢纽港作为国际航运中心的基本条件,而在第三个阶段的发展过程中逐步将航运要素的集聚或配置的国际地位作为国际航运中心的主要标志。随着航运中心发展方式的不断转型升级,航运服务逐步成为国际航运中心发展的核心驱动力。世界顶级城市群大多分布在湾区,全球沿海地区的经济总量和人口主要集中在湾区,湾区已成为带动全球经济发展的重要增长极和引领技术变革的领头羊。

第三节　中国湾区概况

目前全球有三个世界级的经济湾区,一个是美国旧金山湾区,第二个是纽约湾区,第三个就是亚洲的东京湾区。中国目前拥有三个类似湾区概念的区域,一是以北京和天津为"双核"的环渤海湾区,包括胶东半岛、辽东半岛的一部分,大连、威海、烟台都属于这个湾区;二是杭州湾区,以上海为核心,江苏、浙江为两翼;三是广东的环珠江口湾区即粤港澳大湾区,其城市集群和产业集群按照"A字形结构"分布,以广州为顶点,佛山、中山、珠海为西翼;东莞、深圳、香港为东翼。

渤海湾区或称环渤海地区。狭义上包括辽东半岛、山东半岛、环渤海滨海经济带,同时延伸辐射到山西、辽宁、山东以及内蒙古中东部。区域内包括北京、天津、沈阳、大连、太原、济南、青岛、保定、石家庄等多座重要城市。环渤海地区是中国最大的工业密集区,是重工业和化学工业基地,有资源和市场的比较优势。环渤海地区科技力量也非常强大,科技人才优势与资源优势对国际资本具有强大的吸引力。环渤海地区如今已成为中国北方经济发展"引擎",是继珠江三角洲、长江三角洲之后的中国经济第三个增长极。

杭州湾区为浙江省沿海六个城市再加上上海市,从北至南有上海、杭州、嘉兴、湖州、绍兴、宁波、舟山。杭州湾区狭义的范围是北起通扬运河,南抵钱塘江、杭州湾,西至南京以西,东到海边,包括上海市全部、江苏省南部、浙江省的杭嘉湖平原,面积约5万平方千米。广义的杭州湾区是指长江三角洲地区,包括上海市、江苏省、浙江省和安徽省东部组成的经济圈。长江三角洲城市群是国际公认的六大世界级城市群之一,并致力于建设成为世界第一大都市圈。长江三角洲都市圈2015年GDP为10.96万亿元,占当年中国GDP总量的15.9%,是中国第一大经济圈。长江三角洲是长江入海之前的冲积平原,是我国综合实力最强的经济中心、亚太地区重要的国际门户、全球重要的先进制造业基地,是我国率先跻身世界级城市群的聚集地区。

粤港澳大湾区位于珠江三角洲,是西江、北江和东江入海时冲击沉淀而成的一个三角洲,面积大约5.6万平方千米,在广东省中南部,珠江下游,毗邻港澳,与东南亚地区隔海相望,海陆交通便利,被称为中国的"南大门"。这里有全球影响力的先进制造业基地和现代服务业基地,南方地区对外开放的门户,我国参与经济全球化的主体区域,全国科技创新与技术研发基地,全国经济发展的重要引擎,辐射带动华南、华中和西南地区发展的龙头,也是我国人口集聚最多、创新能力最强、综合实力最强的三大区域之一,有"南海明珠"之称。

第四节　环渤海湾区的发展态势

一、环渤海湾区的地理位置

环渤海地区或称环渤海经济圈,处于东北亚经济区的中心地带,是中国北部的"黄金海岸",包括辽东半岛、山东半岛、京津冀三省二市,同时可辐射到山西省及内蒙古中部和东部盟市。全区陆域面积达 112 万平方千米,共有 157 个城市,约占全国城市总数的四分之一,总人口 2.6 亿人,其中城区人口超百万的城市有 13 个。以京津两个直辖市为中心,大连、营口、秦皇岛、唐山、东营、烟台等沿海开放城市为扇面,以沈阳、呼和浩特、太原、石家庄、济南等省会城市为区域支点,构成了中国北方最重要的集政治、经济、文化、国际交往于一身,外向型、多功能、密集的城市群落。

环渤海湾区在全国和区域经济中发挥着集聚、辐射、服务和带动作用,已成为中国北方经济发展的引擎。该区域被经济学家誉为继珠三角、长三角之后中国经济的第三个增长极,在中国对外开放的沿海发展战略中占有极其重要的地位。

"环渤海经济圈"概念的提出已有二十多年,政府对其进行了单独的区域规划并给予了很多优惠政策。开展经济合作,实现互利共赢,是学术界和经济界对环渤海经济圈的共识。区域经济一体化为环渤海经济圈的发展带来了前所未有的机遇,同时也为该区域开展对外交流合作创造了有利和必要的条件。

从世界经济发展趋势看,世界经济增长的重心已转向亚太地区,而在亚太地区中,东北亚地区正在以其优越的地理位置、丰富的资源、多层次的经济结构和巨大的开发潜力而为国际经济界所瞩目。环渤海经济圈东临日本、朝鲜、韩国,北临蒙古、俄罗斯,位居东北亚中心,辐射亚太经济圈,既是中国北方内陆、三北地区和沿海地区的天然接合部,又是通向亚太地区和走向世界的出海口,处在"东来西往、南联北开"的有利位置,有着成为东北亚经济核心的潜在优势。

二、环渤海湾区的发展优势

环渤海湾区是与世界 160 多个国家和地区贸易往来的通道,从国外进口的设备、商品要从这里进入中国的北方市场。这些内陆腹地涉及十几个省和自治区,其土地面积约占全国土地总面积的 60%,国民生产总值约占全国的 40%,这种优势在我国其他沿海区域也是少有的。

面对如此"辽阔"的经济区域,如果仅仅想依靠区域内任何一个城市或某个地区的力量,环渤海经济圈是发展不起来的。因此,要大力发展环渤海经济圈,就需要区域内包括北京、天津、沈阳、大连、石家庄、济南、太原、淄博、潍坊、烟台、青岛、保定、营口、锦州、唐山、滨州、秦皇岛、东营、威海等多座城市携手推动。

2006 年 7 月 27 日《国务院关于天津市城市总体规划的批复》(国函〔2006〕62 号)中明确指出:天津市是我国直辖市之一,环渤海地区的经济中心。

2018 年 11 月,中共中央、国务院明确要求以北京、天津为中心引领京津冀城市群发展,带动环渤海地区协同发展。2019 年全国两会上,多名全国政协委员建议可以超前谋划和推动构建环渤海湾区,进一步拓展京津冀的疏解战略和湾区经济,带动山东、河北、辽宁的高质量发展。

由于渤海是一个内海,被辽东半岛、山东半岛和华北平原"C"形环抱,覆盖面积遍及大半个中国,并且是东北、华北、西北和华东部分地区的主要出海口。东北三省及内蒙古东四盟的粮食、畜产品、石油,西北地区的煤炭、皮毛,华北地区的石油、轻纺产品,渤海的海产品,甚至远在数千里之外的青海、新疆的货物都要经过这里运往世界各地。因此,环渤海湾区独特的地理位置决定了其在北方经济发展中处于重要战略地位。

三、环渤海湾区的经济特点

环渤海湾区的区位条件优越,向西毗邻丝绸之路经济带,向东靠近日本、韩国,向北紧靠东北经济圈,向南连接长三角与珠三角,是连通"丝绸之路经济带"与"21世纪海上丝绸之路"的经济带,构建"一带一路"的重要一环,处于重要战略地位。同时,环渤海经济圈区域内的人才基础雄厚、交通便利、工业基础扎实,具备发展湾区经济的基础和条件。

环渤海湾区经济发展的优势非常明显:

第一,环渤海湾区属于资源型经济区域,自然资源丰富,且分布相对集中,易于开发利用。其中,能源储量居全国首位,原油产量约占全国总产量的43%;煤炭探明储量占全国煤炭总储量的60%以上,在全国处于重要地位;已探明对国民经济有重要价值的矿产资源达一百多种。环渤海湾区还有丰富的海洋资源和渔业资源,同时是国内重要的农业和畜牧业基地,粮食产量占全国粮食总产量的23%以上,牛羊养殖居全国之首。

第二,该地区海陆空交通发达。环渤海湾区拥有发达的交通基础设施,形成了相互衔接、四通八达的立体交通网络。陆路交通有京沪、京广、京九和京沈等十多条铁路干线和包括京津塘、沈大及济青等在内的二十多条高速公路;空运有以北京为中心的十余个民用机场,开通国内外航线一百多条;海运港口交通便捷,区域内拥有四十多个港口,构成了中国最为密集的港口群。

第三,环渤海湾区产业层次梯度明显,是我国重要的农业、重化工业、加工制造业和现代服务业基地,其中钢铁、石化、船舶制造产业在全国保持优势地位,电子信息、金融商务、文化创意和现代旅游等新兴产业发展迅猛。京津冀已经形成了能源、化工、冶金、建材、机械、汽车、纺织、食品等八大支柱产业,同时以优质的教育、科技资源带动了高科技产业发展,新兴的电子信息、生物制药、新材料等高新技术等已成为这一地区的主导产业。

第四,该区域科技资源和人才资源高度聚集。环渤海湾区高端人才聚集,创新能力突出,拥有北京和天津两个一线城市,聚集了众多高校和科研院所,甚至超过了"珠三角"和"长三角"两个经济圈的总和。

四、环渤海湾区的局限性及发展对策

环渤海湾区的发展也存在一定的局限性,湾区内联系不够紧密,经济发展差异大、规划协调难度较大,例如环渤海经济圈中产业协调的问题。目前北京在高新技术产业和经济方面较为强势,天津则是着力工业发展,产业结构需要调整;山东、河北等依赖资源密集型和劳动密集型产业,高新技术发展不足。且环渤海地区区域内很多城市都依靠港口布局,相互之间未形成合理的分工。再对比粤港澳大湾区的科技发展、开拓意识和创新思维,环渤海湾区还有很长的路要走,市场化程度不高、体制不够活跃、产业结构和高新技术发展等问

题亟待解决。

要发展环渤海湾区城市群的经济,首先要从思想上深刻认识构建环渤海湾区对强化京津冀城市群辐射带动作用、促进东北振兴和抢占东北亚对外开放战略制高点的特殊意义;其次是借鉴国际湾区建设经验,进一步完善环渤海湾区的发展规划,根据不同城市的优势优化资源布局;再次把京津同城化作为环渤海湾区规划建设的中心环节,通过实现京津交通体系一体化、资源配置一体化、产业发展一体化、公共服务一体化、生态保护一体化,共同发挥高端引领和辐射带动作用。

第五节 杭州湾区的发展态势

杭州湾经济区概念的提出,经历了几次变更,从"杭州湾湾区""环杭州湾经济区""沪杭甬湾区"到浙江省第十四次党代会报告明确提出谋划实施大湾区行动纲要,重点建设"杭州湾经济区"(又称杭州湾区)。2019年3月,国务院发文,将长三角区域一体化发展方针进阶至国家战略层面,凭借地理优势、港口优势、经济实力和劳动力资源优势的杭州湾新区,迎来了进一步发展独立创新型湾区经济的契机。

杭州湾区的崛起主要以互联网经济为代表,湾区聚集了全国三分之一以上的电子商务网站,大批互联网企业总部坐落在杭州,例如阿里巴巴、网易、蘑菇街、同花顺、51信用卡等。同时,杭州湾区还大力发展会展经济,很多国际会议和互联网会议在这里举办,可以说互联网让杭州湾区脱颖而出。目前的杭州湾区既有上海这座国际化大都市为龙头,又有杭州和宁波两座中心城市做支撑,还有嘉兴、绍兴、舟山等城市做支点,形成了一个有梯度的城市结构。

一、杭州湾区的地理位置

杭州湾处于上海、杭州、宁波三大都市的地理中心,覆盖嘉兴、绍兴、舟山三地,钱塘江、曹娥江由此入海,形成喇叭号角形海湾,是国内唯一的河口型海湾。杭州湾区港口密集,拥有23个港口、21个机场、40座大型桥梁以及密集的高铁、高速公路网络,通江达海畅通五洲,兼具陆海联运之势。同时具有一个半小时交通圈,覆盖上海浦东、上海虹桥、杭州萧山、宁波栎社四大国际空港,以及背靠两大天然良港:世界排名前三的集装箱港口——宁波舟山港;全球建设规模最大的自动化集装箱码头——上海洋山深水港。

杭州湾区坐拥优越的区位条件,可在对港口集群的进一步再造发展后,塑造区域协同发展环境,以利于区域后续创新发展。杭州湾可达95千米宽,从河口逐渐变细口,海宁一带仅宽3千米,大陆海岸线的总长约为42千米。地处浙北的杭州湾新区,位于杭州湾跨海大桥的南岸,拥有约353平方千米土地面积,约350平方千米的海域面积,2~4米的平均海拔。所处地域气候属亚热带季风气候,四季分明降雨充足,富有地热、海底温泉、海涂等珍稀自然资源。

杭州湾区也是沿海开放带、长江经济带、长江三角洲城市群与"一带一路"等多重国家战略的交汇点,代表未来中国东部发展新高度。

二、杭州湾区的优势特点

借助于杭州湾跨海大桥,环杭州湾城市群的现代交通综合网络体系得到进一步完善,加强了杭州湾区与上海等地交通联络的互联互通。上海作为中国的金融中心,经济实力最强,而作为信息物流中心的杭州,及以外贸为中心的宁波,可以助力杭州湾新区多极化发展。杭州湾区完善的现代交通综合网络体系也是推动湾区内资源、信息、技术、人才等相关要素的高速交流,推动区域经济一体化发展的重要基础。在湾区全面开放、交通网络体系完善的背景下,整合配置各城市的资源,实现环杭州湾城市群网络化、高效化的共赢成长。

综合杭州湾区最大的优势特点如下几方面。

第一,产业布局合理、协作分工明确。在杭州湾区,上海发挥了其金融和科创优势;杭州发挥了打造全球性互联网＋创新创业中心的作用;宁波将成为先进制造业和生产性服务业的集聚地;嘉兴、绍兴、舟山等成为协同空间。其中,浙江将统筹全省资源要素,推动八大高能级平台建设:杭州江滨国际智造新区、杭州城西科创新区、争创自由贸易港、宁波大东部科创新区、宁波环湾智能经济新区、嘉兴全域科创城、南太湖绿色发展新区以及绍兴先进智造基地,这些城市都各尽其能、各擅其长,使杭州湾区成为我国快速增长的经济板块。

第二,杭州湾区的劳动力资源充足。宜人的居住环境、四通八达的交通和良好的教育体系,促进大批人才前来就业、定居。充足的劳动力资源保证了各种层次的人才供给,带来了经济实力的增长。

第三,杭州湾区港口资源丰富,交通网络发达。依托上海港、洋山港、宁波舟山港,杭州湾区的港口运输实力在国内首屈一指。同时借助于杭州湾的七座跨海大桥——杭州湾跨海大桥、朱家尖跨海大桥、象山港大桥、六横跨海大桥、舟山跨海大桥和东海大桥,环杭州湾城市群的现代交通综合网络体系得到进一步完善,加强了杭州湾区与上海等地的互联互通。完善的现代交通综合网络体系不断推动杭州湾区内资源、信息、技术、人才等相关要素的高速交流,推动区域经济一体化发展。

第四,杭州湾区教育资源发达,学术氛围浓厚。杭州湾区内有诸多双一流大学,如复旦大学、同济大学、浙江大学等高校,可为湾区经济发展提供专业人才。通过加强与相关高校的合作,杭州湾区落实人才培养计划,丰富社会育人机制,并且通过一系列优惠政策,不断完善人才的福利待遇与配套保障,增强湾区居民对湾区的认同感,促进人才的快速流动及自身发展,打造和谐友好的社会环境,进一步稳定人才队伍。

三、杭州湾区的局限性和发展对策

1. 杭州湾区的局限性

首先,虽然杭州湾区依托上海港、洋山港、宁波舟山港,联合筹划、融合发展各级港口,可以充分调动上海金融中心功能、杭州互联网中心功能和宁波外贸中心功能。但杭州湾区内的航运公司规模和实力大多比较小,除少数企业拥有较大规模和较强实力外,其他航运公司规模小,不能发挥规模经营并取得规模效益优势,抵御市场风险能力弱,在市场上的竞争力不强。

其次,目前杭州湾区内各港口间的分工、协调发展仍处于初级阶段,同质化竞争严重,众多小企业间的经营加剧了市场无序竞争,不利于规范、维护市场的秩序。因此还需要进一步的整合完善、避免同质化发展和恶性竞争。

再次,与世界其他大湾区相比,杭州湾新区仍有许多改进空间,例如需要进一步完善区域基础设施体系,包括涉及教育、医疗、养老、住房、交通等基础民生建设,要在基础设施建设、资源整合、科技创新等方面进行发展探索,提升湾区经济的综合竞争力。

2. 杭州湾区的发展对策

首先,杭州湾区需要借鉴其他湾区的发展模式和经验,将沿海众多港口统一规划为各司其职、多位一体的有机整体,就商品、能源运输、大宗商品、工业品、商业、旅游业等进行有机合作、规划。破除城市之间的壁垒,实现要素的自由流动,并尽可能利用市场制度全面推进制度均等化,同时需要更高层面的顶层设计,城市之间要建立一种紧密有效的合作制度,以适应湾区经济一体化的需要。

其次,要响应"一带一路"倡议,打造围绕杭州湾,整合沿线城市一体化的湾区经济。借鉴世界著名湾区的辐射集群效应,推动杭州湾区建设达到国家战略高度,将其打造为全球信息物流中心、科技金融中心和智能制造中心。利用长三角经济条件,使杭州湾区的发展带动周边经济及产业升级。杭州湾区应依靠互通便捷的互联网及物联网,搞好基础建设,成为长三角区域创新型发展方向新引擎。

再次,推进杭州湾信息基础设施集约化建设和湾区智慧化应用。通过湾区智慧化应用的内在需求,建设结构合理、协调发展、绿色安全的新一代信息网络体系,提升信息基础设施的集约化水平;通过建设人口、地理空间、政务等信息建设基础数据库,实现信息的多层次和电子政务的智慧化。同时,整合湾区公共服务网络和信息资源,积极构建数字家庭、电子商城、医疗教育等便民式服务平台,打造智慧便捷的湾区生活环境,全面提升湾区智慧化。

第六节 粤港澳大湾区的发展态势

一、"一带一路"背景下粤港澳大湾区的发展态势

"一带一路"为粤港澳大湾区的建设提供了难得的契机。"一带一路"涉及的不仅是运输,而且是系统的经济整合,能够促进更紧密的经济联系和更自由的贸易,并通过"一带一路"沿线基础设施的互通互联,对沿线贸易和生产要素进行优化配置,促进区域贸易量的提升。可见,"一带一路"能够有效提升贸易规模,而贸易量增加带来的商品流动除了一部分通过陆运实现外,大部分还将通过海运实现,由此促进海运量规模的增长。粤港澳大湾区

地处"21 世纪海上丝绸之路"沿线,拥有良好的区位优势,应牢牢把握这一机遇,加强与"一带一路"的对接,建立发展成为高效、发达的湾区经济城市群。

"粤港澳大湾区"概念在中国的生根、发芽,是先源于民间倡议,后上升到国家战略的。2015 年,"粤港澳大湾区"的概念终于得到国家认可。2017 年 3 月 5 日,国务院总理李克强在《政府工作报告》中提出,要推动内地与港澳深化合作,研究制定粤港澳大湾区城市群发展规划,发挥港澳独特优势,提升在国家经济发展和对外开放中的地位与功能。在全国两会上,粤港澳大湾区被作为国家战略正式提出,从而使粤港澳大湾区迎来了一次重要的战略性契机。

2019 年《规划纲要》又从科技创新、互联互通、产业培育与开放合作等方面支持推动粤港澳大湾区建设,提升粤港澳大湾区在国家经济发展和对外开放中的支撑引领作用,打造世界级城市群,剑指仅次于东京湾区、旧金山湾区和纽约湾区之外的世界第四大湾区。

随着粤港澳地区的融合力度不断加大,近年来粤港澳大湾区在全球湾区竞争格局中日益崛起,逐渐成为全球经济格局中的重要组成部分。

粤港澳大湾区经济增长速度快。2016 年,粤港澳大湾区城市群的 GDP 总量已经达到1.36 万亿美元,超过了同年的旧金山湾区;进出口贸易额约 1.7 万亿美元,是东京湾区的 3倍以上。

粤港澳大湾区以占全国土地面积不足 1%、人口数量不足全国总人口的 5%,创造了全国国内生产总值的 12.6%,其发展势不可挡。根据各地公布的数据及 2016 年国民经济和社会发展统计公报,香港 GDP 以 2.2 万亿元位居首位,广州、深圳两市 2016 年国内生产总值均接近 2 万亿元。从 GDP 增速来看,深圳以 9% 的增速位居首位,除肇庆、香港、澳门外,其余八个城市 GDP 增速均在 7% 以上。

粤港澳大湾区港口吞吐量优势明显。货物吞吐量方面,广州、香港、深圳位居前三,其中广州吞吐量达到 5.4 万吨。集装箱吞吐量方面,深圳以 2 397 万箱位居湾区第一,全球第三,仅次于上海港及新加坡港。另根据澳门统计暨普查局的数据,澳门 2016 年海陆货柜货物毛重 17.54 吨,海路载货货柜吞吐量为 9.02 万标准箱。

二、粤港澳大湾区的人才政策

2009 年 10 月 28 日,粤港澳三地政府有关部门在澳门联合发布《大珠江三角洲城镇群协调发展规划研究》,提出构建环珠江口湾区,粤港澳共建世界级城镇群。2014 年,深圳市政府工作报告提出"打造湾区经济"。2016 年 3 月,《中华人民共和国国民经济和社会发展第十三个五年规划纲要》正式发布,明确提出"支持港澳在泛珠三角区域合作中发挥重要作用,推动粤港澳大湾区和跨省区重大合作平台建设";同月,国务院印发《关于深化泛珠三角区域合作的指导意见》,明确要求广州、深圳携手港澳,共同打造粤港澳大湾区,建设世界级城市群。

同时,为了吸引人才,粤港澳大湾区的相关城市都推出了人才吸引政策。例如:

广州:40 岁以下具有国内普通高校全日制大学本科学历并有学士学位即可人才落户。

深圳：继 2018 年 6 月实现大学毕业生引进"秒批"后，2019 年 2 月 28 日深圳正式实施在职人才引进和落户深圳"秒批"，主要包括高层次人才、学历类人才、技能类人才、留学回国人员和博士后几类。

东莞：2018 年 2 月 15 日正式取消积分落户政策，由"两个五年"落户政策取代，即满足"参加城镇社会保险满 5 年、且办理居住证满 5 年"两个条件，即能落户东莞。

惠州：全面放开对高校毕业生、技术工人、职业院校毕业生和留学归国人员的落户限制。

中山：2018 年中山开始取消积分落户，连续居住并参加社保达到一定年限即可办理落户。

佛山：落户申请资格由 60 分变为 30 分；有关年限不用"连续"计算；居住证连续办理年限越长，积分越多。

珠海：2018 年 3 月取消计划生育、纳税落户、夫妻投靠、父母投靠子女、身边有无子女等前置条件，社保、居住证连续满五年并在珠海有稳定住所即可申请落户。

肇庆：2018 年取消了积分制落户条件，有合法稳定住所，持有居住证并连续居住满半年以上的人员即可落户。

江门：2019 年 1 月起取消了积分落户和投资落户政策，应届毕业生可以先落户再就业，在江门市城区就业、参加社保满半年即可申请落户。

第十二章 粤港澳大湾区的发展现状

第一节 粤港澳大湾区上升到国家
战略的发展历程

学术界对粤港澳大湾区的关注可追溯到 20 世纪 90 年代,香港的学术研讨会首次依据美国旧金山湾区的经验提出建设沿香港海域的"香港湾区"。随后内地的研究机构提出广州也应纳入湾区,建议把"香港湾区"改为"环珠江口湾区",以更好地实现区域合作的长远发展,并主张以此湾区为桥头堡建设第三条横跨欧亚的大陆桥。

2003 年,学术界提出"伶仃洋湾区"概念,认为如果珠海万山群岛能够加入港澳的发展系统,建立类似美国旧金山湾区那样的伶仃洋湾区或华南湾区,则可为整个区域的发展提供一个更宽广的平台。

2005 年,深圳市首次提出深港创新圈建设构想,使深圳的区域中心地位得到了凸显,同时,该构想也得到了香港特区政府的支持。经过两年的调研和商讨,2007 年 5 月 21 日,深港两地政府签订《深港创新圈合作协议》,深港创新圈进入实施阶段。随后开展的合作项目包括联合建设深港创新圈公共信息服务网、深港创新圈专项资助计划、深港生产力基地等。2009 年 3 月 31 日,深港创新及科技合作(深港创新圈)第三次督导会议在深圳召开,会议原则通过了《深港创新圈三年行动计划(2009—2011)》,两地政府将通过三年的共同努力,建设一批深港创新基地、创新平台,完成一批重大项目。

此后结合"一国两制"下的区域合作、CEPA 以及泛珠三角"9 + 2"区域创新合作发展形势,围绕伶仃洋湾区概念,进一步发展出了"中国湾区""万山群岛湾区"以及"A 字形港珠澳湾区"等概念。

2009 年"跨境湾区"的概念被提出,认为湾区经济中多核分化竞争(离心力)与跨境集聚整合(向心力)并存,在粤港澳大湾区的开发实践中,环珠江口各城市在不断竞争的同时呈现出同城化的发展趋势,形成一系列的产业圈、生活圈和城市圈,而港珠澳大桥则是跨境湾区各核心城市之间竞争与合作、分化与集聚的连接纽带。

对于"湾区"概念的官方提法则在 2005 年,《珠江三角洲城镇群协调发展规划(2004—2020)》首次提出"环珠江口湾区",指珠江口沿岸的滨海地区自西向东包括珠海主城区、唐家湾、横琴、广州南沙、东莞虎门—长安、深圳沙井—松岗、深圳前海—宝安等,其内涵是"区域产业核心和生态核心"。

2009 年,《大珠江三角洲城镇群协调发展规划研究》的制定对"湾区"展开了进一步研究,"湾区"包括香港、澳门全境,广州、深圳、珠海、东莞、佛山、中山六市的主城区,以及环珠江口范围内主要的机场、港口及各滨水功能区。随后,《珠江三角洲地区改革发展规划纲要

(2008—2020年)》又进一步提出支持"湾区"的重点行动计划,粤港澳一体化协调发展也成为"湾区"建设的重中之重。

总体而言,目前对粤港澳大湾区发展路径的探讨有多种模式,主要观点如下:其一,从创新合作模式、深化合作领域、完善合作机制等方面促进粤港澳从低层次的合作走向高层次的融合,合作模式从"前店后厂"走向"统一市场",合作内容从制造业走向服务业,合作体制和机制从"自发合作"走向"自觉合作";其二,珠三角增长模式的转型及湾区经济的发展必须依靠提高地区的自主创新能力;其三,应围绕"双核型"的湾区模式,以争当第三条亚欧大陆桥的桥头堡为目标,制度先行,构建便捷交通网络,强化区域创新系统建设,建立统一市场,深化合作领域和层次,构筑起粤港澳和谐持续的经贸关系,提升对中国经济及亚欧经济的带动能力。此外,还应树立携手共建大湾区、共同开发、一起做大、双核平等、不争龙头的新理念,充分利用国内国际多方资源,探索在经济全球化中区域分工的新思路。

《粤港澳大湾区发展规划纲要》提出以香港、澳门、广州、深圳四大中心城市作为区域发展的核心引擎,继续发挥比较优势做优做强,增强对周边区域发展的辐射带动作用。二区九市定位明确,为建设富有活力和国际竞争力的一流湾区和世界级城市群共同努力。

第二节 粤港澳大湾区城市群各城市的功能定位

一、粤港澳大湾区城市群各城市发展概况

与世界其他湾区相比,粤港澳大湾区具有独特优势,湾区总面积5.6万平方千米,人口总数7 112万,GDP约1.64万亿美元(2018年)。粤港澳大湾区具有巨大的发展潜力,国际媒体也认为"如果把各种因素放在一起考量,就会得出粤港澳大湾区一定会繁荣发展的结论"。

2017年3月6日上午,在十二届全国人大五次会议广东代表团全体会议上,全国人大代表、时任广东省发展改革委主任的何宁卡表示:"根据发展优势和区域特点,粤港澳大湾区应努力建设成为全球创新发展高地、全球经济最具活力区、世界著名优质生活区、世界文明交流互鉴高地和国家全面深化改革先行示范区。"

粤港澳三地形成了差异化的竞争优势,构成了一个组合式的中心城市群,整合起来就能释放出"整体大于部分之和"的协同效应。广东的广州、深圳、珠海以及一批中小城市形成了多层次、多组团、多中心的繁荣发展格局;香港是全球离岸人民币业务枢纽,也是国际金融、航运、贸易中心;澳门是我国与葡语国家商贸合作的服务平台,是以中华文化为主流、多元文化共存的交流合作基地。三地各有所长、差异分工、优势互补、强强联合,具备建成国际一流湾区和世界级城市群的基础条件。

"粤港澳大湾区"由"9+2"城市组成,即广州、佛山、肇庆、深圳、东莞、惠州、珠海、中山、

江门九市和香港、澳门两个特别行政区,各个城市的功能和定位不一样。

1. 广州

广州打造三大国际战略枢纽、岭南文化中心及华南重工业中心,重点建设国际航运枢纽、国际航空枢纽、国际科技创新枢纽。

位于广州最南端、珠江出海口和珠三角地理几何中心的南沙,连通港澳,服务内地,区位和港口禀赋突出。国务院在对《广州南沙新区发展规划》的批复中要求,南沙新区要在全面推动珠三角转型升级、促进港澳地区长期繁荣稳定、构建我国开放型经济新格局中发挥更大作用,建成粤港澳全面合作示范区。2016 年 8 月,在《中共广州市委广州市人民政府关于进一步加强城市规划建设管理工作的实施意见》中,广州首次明确提出"要建设南沙为城市副中心"。目前,南沙新区集国家战略新区、国家级经济技术开发区、广州城市副中心、保税港区、高新技术产业开发区和广东省实施 CEPA 先行先试综合示范区功能于一身,依托国家自由贸易区战略,是我国"21 世纪海上丝绸之路"的重要枢纽。南沙得天独厚的区位条件、坚实的产业基础、巨大的发展潜力和广阔的区域辐射范围,紧密联系港澳,依托国内国际两个大局,战略地位十分重要。

而南沙自贸试验片区作为深化穗港合作的重要平台,正加快建设广州南沙新区城市副中心,打造高水平的对外开放门户枢纽,成为粤港澳大湾区城市群核心门户城市。南沙新区有望在对接"一带一路"、加强国际经贸合作以及区域城市联动发展中发挥更积极的作用。南沙新区有必要对自身提出更高的战略定位:既是国家新区、自贸片区、广州城市副中心,又是粤港澳大湾区城市群门户城市,更是国家发展更高层次开放型经济的核心枢纽。

2. 佛山

佛山是国际产业制造中心,将构筑创新创业人才支撑体系,打造制造业一线城市、国家制造业创新中心、建设宜居宜业宜创新的高品质现代化国际大城市作为发展目标,定位为"全国重要的制造业基地、国家历史文化名城、珠三角地区西翼经贸中心和综合交通枢纽"。

3. 肇庆

肇庆作为传统产业转型升级齐聚区,是珠三角连接大西南枢纽门户城市,未来将把握纳入粤港澳大湾区的历史机遇,大力实施"东融西联"战略。肇庆既有珠三角的区位交通优势,又有粤东西北的成本优势,在粤港澳大湾区的错位发展中,肇庆定位为湾区通往大西南以及东盟的"西部通道"。

4. 深圳

深圳是国际创新服务中心,在湾区内协同构建创新生态链。深圳从最初的规划倡导者转变为引领者,利用特区发展的经验,科技创新的优势,辐射成为整个湾区的优势;深圳可利用前海、河套等平台,与香港携手发挥更大优势,成为粤港澳大湾区的核心引擎。深圳要发挥作为经济特区、全国性经济中心城市和国家创新型城市的引领作用,加快建成现代化、国际化城市,努力成为具有世界影响力的创新创意之都。

5. 东莞

东莞作为全球 IT 制造业重地、国际制造服务中心,将加快推进交通一体化、产业市场化、环境国际化,努力打造粤港澳大湾区的国际制造中心,进一步强化城市的科技创新成果转化功能、扩大开放合作的示范功能和现代优质生活的服务功能,形成与香港、广州、深圳更高水平协同联动发展的新格局。东莞前拥深圳、香港,背靠广州,被三大国际都市环绕,既是广深科技创新走廊的必经之地,又是广深港经济走廊的重要卡口,优越的核心位置为东莞奠定了良好的发展基础,成为粤港澳大湾区的核心区位担当,必将最先接受大湾区发展能量的辐射。

6. 惠州

惠州作为世界级石化产业基地,利用"绿色城市"的优势开展生态旅游,成为大湾区的生态担当。惠州的新定位瞄准"绿色化现代山水城市",以临港、近海,靠近深圳,拥有山河海湖资源的优势,成为大湾区城市群里的生态担当。凭借"三线(厦深、京九、广汕高铁)九站"的高铁布局称霸广东,亦助推惠州进一步融入大湾区核心区。

7. 珠海

珠海作为国家级大装备制造业中心,已明确建设粤港澳大湾区的桥头堡与创新高地,探索在横琴自贸区设立"珠港澳创新试验区",开阔"港澳市场及创新资源 + 珠海空间与平台"的合作路径,使珠海成为国际创新资源进入内地的"中转站"。

8. 中山

中山市位于广东省中南部,珠江三角洲中部偏南的西、北江下游出海处,北接广州市番禺区和佛山市顺德区,西邻江门市区、新会区和珠海市斗门区,东南连珠海市,东隔珠江口伶仃洋与深圳市和香港特别行政区相望。中山是中国"白色家电"基地之一,国家级先进制造业基地、世界级现代装备制造业基地、珠江西岸区域性综合交通枢纽、区域科技创新研发中心、珠三角宜居精品城市。

9. 江门

江门作为国家级先进制造业基地,瞄准粤港澳大湾区的"世界级"格局,定位为沟通粤西与珠三角一"传"一"接"的"中卫"角色,启动实施工业投资、交通基础设施投资、城市建设投资"三个千亿计划",确保在粤港澳大湾区中,珠江西岸将有一个点来支撑其今后更长远的发展。

10. 香港

香港作为全球金融中心及物流中心,在大湾区建设中与其他城市共建核心金融圈,形成以香港为龙头,以广州、深圳、澳门、珠海为依托,以南沙、前海和横琴为节点的大湾区金融圈,开拓人民币在亚洲地区的结算与投资业务,使香港成为人民币在亚洲地区的贸易清算中心。为粤港澳大湾区提供企业融资,引进国际投资者,让湾区经济与环球经济接轨。回归二十多年来,香港经济发展取得的长足进步,除了香港自身具有的独特优势外,中央人民政府的大力支持以及香港与内地的有机融合,一直是香港经济快速发展的重要推动力量。香港与内地融合经过数十年的发展,面对国际国内新的发展形势,面对内地与香港新的发展阶段,需要中央站在新的高度进行谋篇布局。建设粤港澳大湾区的国家战略是国家进一步全面深化改革的需要,是国家建立全方位对外开放格局的需要,更是香港继续保持和增强国际系列品牌优势的需要。

11. 澳门

澳门特别行政区作为世界旅游休闲中心,在《澳门特别行政区五年发展规划2016—2020年》中将澳门建设成为世界旅游休闲中心的具体目标进行了细化,列出了7个主要目标——保持整体经济稳健发展、优化产业结构取得新的进展、加强建设国际旅游城市、居民生活素质持续提高、教育水平逐步上升、环境保护成效显著、强化政府施政效能。澳门要建设世界旅游休闲中心、中国与葡语国家商贸合作服务平台,促进经济适度多元发展,打造以中华文化为主流、多元文化共存的交流合作基地。

二、粤港澳大湾区的各城市发展状况对比

粤港澳大湾区是以香港、澳门、广州、深圳为主体的共11个城市的巨大绵延带,其中各城市之间的发展并不均衡,例如在货物吞吐量方面,广州、香港、深圳位居前三,其中广州吞吐量达到5.4万吨。集装箱吞吐量方面,深圳以2 397万箱位居湾区第一,全球第三,仅次于上海港及新加坡港。另根据澳门特区统计暨普查局数据,澳门2016年海陆货柜货物毛重17.54吨,海路载货货柜吞吐量9.02万标准箱。

在产业发展方面,从表12-1中可以看出,2016年粤港澳大湾区的三大结构中,广州和深圳服务业占比最高,其次为东莞、珠海,占比均超过50%,大部分城市正处在工业经济向服务业经济转型阶段。

表 12-1 粤港澳大湾区 11 个城市的发展概况 (2016 年)

城市	人均 GDP(万元)	世行标准	产业结构	GDP(万亿元)
澳门	44.90	高收入	0.0:10.5:89.5	0.31
香港	27.83	高收入	3.0:7.0:90.0	2.21
深圳	16.34	高收入	0.0:39.5:60.5	1.95
广州	14.13	高收入	1.2:30.2:68.6	1.96
珠海	13.13	高收入	2.2:47.6:50.2	0.22
佛山	10.57	高收入	1.7:59.2:39.1	0.86

表 12 - 1(续)

城市	人均 GDP(万元)	世行标准	产业结构	GDP(万亿元)
中山	9.71	高收入	2.2:52.3:45.5	0.32
东莞	8.07	中等偏上收入	0.3:46.5:53.2	0.68
惠州	6.99	中等偏上收入	5.1:53.8:41.1	0.34
江门	5.21	中等偏上收入	7.8:47.5:44.7	0.24
肇庆	4.99	中等偏上收入	15.5:48.1:36.4	0.21

因此,要使各城市之间的产业空间布局合理化、基础设施互通互联,以此促进湾区城市群的一体化,让湾区发挥更大的协同作用,形成更强的竞争力。

第三节 粤港澳大湾区城市群协同发展的瓶颈

粤港澳大湾区统筹发展的起点很高,然而对比国际上知名的大湾区可以发现,粤港澳大湾区的区域联动发展还面临着一些关键的约束性难题。

一、大湾区城市群整体发展较为分散,缺乏统筹互补的区域协同纽带

近年来,粤港澳大湾区城市群整体发展态势迅猛,各大主要城市纷纷被赋予了不同的功能定位,例如广州被定位为"国家中心城市",深圳被定位为"全国性经济中心城市",珠海被定位为"珠江口西岸核心城市",东莞被定位为"国际制造名城",中山被定位为"创新发展与专业制造中心"。这些城市都以明确的发展定位,实现了自身的快速发展。但整体区域合作尚处于浅层阶段,同质化竞争依然激烈。

二、大湾区城市群经济发展相对不均衡,缺乏引领性的产业纽带

根据广东省统计局发布的数据显示,2017 年上半年广州和深圳地区 GDP 总量都接近 1万亿元,而中山、江门、珠海等地都是 1 000 多亿元,仅仅是深圳的十分之一左右。以 2017年上半年 GDP 增速来看,广州、深圳、佛山、东莞同比增长 8% 左右,而肇庆 GDP 增速最慢仅为 4.80% 。这些都反映出粤港澳大湾区城市间经济发展并不均衡(图 12 - 1)。

三、大湾区城市群教育发展相对落后,缺乏高水平人才

全球化智库(CCG)于 2018 年 12 月 11 日在香港发布了首个对粤港澳大湾区人才状况进行全面系统研究的《粤港澳大湾区人才发展报告》。报告指出,粤港澳三地丰富的高校资源、聚集的一大批高水平的重点实验室与科研机构以及以广深港澳科技走廊为核心形成的产学研合作区等高端创新资源的汇聚,为大湾区人才创新、创业创造了环境,但目前大湾区受高等教育的人口比例较低。据统计,受高等教育的人才占常住人口的百分比为:香港是26.18% ,深圳是 25.19% ,而东莞只有 15.74% 。与世界其他几大著名湾区相比,粤港澳大

湾区人才聚集力相对较弱,接受过高等教育的人口占常住人口的比例平均仅为17.47%。

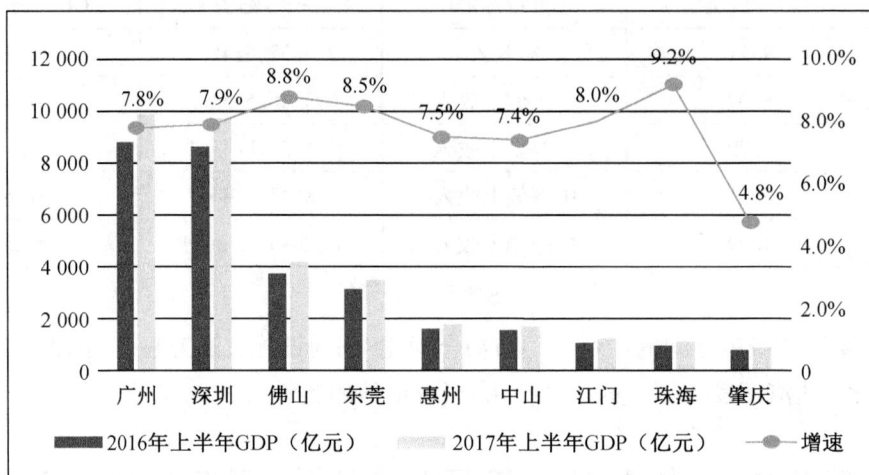

图12-1 粤港澳大湾区主要城市GDP数据

因此,粤港澳大湾区内的大学整体水平亟待提升,目前仅有3所香港高校位列泰晤士世界大学排行榜前100名;大学和科研院所、企业的创新知识循环系统尚未形成,科技创新成果转化渠道不够畅通,阻碍了创新生态系统的完善。此外,大学的创新人才培养机制、课程设置、教学管理制度、教师选聘等都有待加强。反观世界其他湾区,东京湾区科技成果转化率高达80%以上;旧金山湾区则培育了谷歌、英特尔等一批全球知名公司。而粤港澳大湾区当前科技创新成果转化率还是较低,具体体现为大湾区创新人才对产业发展贡献支持相对不足,技术的输出与吸纳能力也均存在明显不足。此外,粤港澳三地合作不够紧密,抑制了人才流动的积极性。但与世界其他三大湾区相比,粤港澳大湾区拥有人口红利的巨大优势。

四、粤港澳大湾区的创新能力仍需大力提升

从创新企业看,粤港澳大湾区顶尖科技创新企业总数偏少,在2018年世界500强榜单中有17家企业总部落户粤港澳大湾区,虽然在数量上与纽约湾区和旧金山湾区持平,但与东京湾区的38家相比仍有不小差距。同时,在德温特2018—2019年度全球百强创新机构报告榜单中,粤港澳大湾区仅有华为技术有限公司、比亚迪股份有限公司两家上榜,在四大湾区中数量最少。在国际风投调研机构CB Insighs统计的2019年全球326家独角兽企业中,粤港澳大湾区仅有16家,较大幅度落后于旧金山湾区和纽约湾区,特别是旧金山湾区不仅有诸如谷歌、苹果、甲骨文等著名企业的研发中心,并且其独角兽企业数量庞大(共有93家),几乎是四大湾区中其他湾区独角兽数量之和的两倍。

据广东省统计局发布的数据显示,2017年广东省有研发活动的规模以上工业企业数量为16 793个,占工业企业总数的45.7%,虽然较2016年提升了10个百分点,但总体数量仍然偏低;同时,2017年研发经费支出约为1 863亿元,占主营业务收入的比例仅为1.39%,

企业逐渐意识到研发的重要性,但研发投入比例仍较低。因此,企业从基础研究、技术开发到产品测试和市场投放都需要加大创新投入。

五、粤港澳三地不同的行政体制增加跨区域协同管治的难度

由于香港、澳门与广东省在体制机制、行政权力机构、行政权力等级结构、政府规划自主决策权力等方面都存在显著差异。这些差异衍生出来的经济制度、法律体系、行政体系是大湾区内部合作的主要障碍。例如,香港和澳门拥有高度自治权,受国家宏观经济干预程度较小,发展策略也主要以为经济发展和人口增长提供基本要素为主,更多偏向于特区城市规划设计,由此导致的粤港澳三地的决策机构和行政程序不同,很难找到合作的对接机构。同时,由于历史原因,港澳目前拥有独立的司法体系,不仅运作模式有很大差别,其司法公务人员的法律思维也有差异。香港的法律体系属于"海洋法系",澳门是"大陆法系",由此产生的司法判决和法律常规差异都会对粤港澳大湾区内部产生的法律事件判决产生影响。再有,粤港澳三地的法律语言不同也给合作带来不少困难。香港当前以英文为主,澳门以葡文为主,尽管双方都在推行双语立法体系,但依然在一定程度上影响了双方的沟通,带来了交流的不便。

第四节 粤港澳大湾区城市群的
发展特色与对标分析

随着《粤港澳大湾区发展规划纲要》的出炉,中国粤港澳大湾区当前及今后一个时期的发展蓝图愈发清晰,粤港澳大湾区将瞄准五大战略定位,即充满活力的世界级城市群、具有全球影响力的国际科技创新中心、"一带一路"建设的重要支撑、内地与港澳深度合作示范区、宜居宜业宜游的优质生活圈。

以2017年数据为依据,粤港澳大湾区的GDP规模达1.34万亿美元,与东京湾区相当;经济增速为7.9%,居世界四大湾区之首。

中国区域经济学会副会长兼秘书长陈耀在接受"国是直通车"记者采访时指出,与世界其他三大湾区相比,粤港澳大湾区在制度背景和综合实力方面具备一定优势。

具体来说,在"一国两制"制度引导下,一方面粤港澳大湾区将社会主义基本经济制度与资本主义市场经济活力相结合,两种制度"双轮"驱动共同发力;另一方面粤港澳大湾区集结湾区内城市各自的比较优势,具有旺盛的增长和创新活力,以及作为大国战略甫一推出所引发的聚光灯效应。

商务部研究院学术委员会副主任、区域经济研究中心主任张建平强调,粤港澳大湾区的规模优势也十分突出,无论人口规模,还是贸易、物流、经济总量规模,粤港澳大湾区在世界上都首屈一指。

然而,在看到实力的同时,也要清楚地认识到,粤港澳大湾区整体的发展质量和创新水

平与世界三大湾区相比还存在一定的差距。

此前,香港南丰集团董事长兼行政总裁梁锦松曾在国际金融论坛(IFF)上指出,未来支撑粤港澳大湾区发展的有三个重要因素:人才、金融与创新,在这三个方面要花大力气发展。

纵观世界三大著名湾区的发展历程,其强劲的经济势能、开放的发展环境、优质的人才资源、源源不断的创新活力等,都是必不可少的发展因素。也正如世界三大湾区不是一天建成的一样,粤港澳大湾区的未来同样还有很长的路要走。

2010—2019年,粤港澳大湾区的11个城市GDP逐年上升,从2010年的5.42万亿元增长至11.6万亿元。

2016年,粤港澳大湾区GDP总量为9.3万亿元,占全国GDP总量的12%。其中,香港2.21万亿元、广州1.96万亿元、深圳1.95万亿元,为第一梯队;佛山0.86万亿元、东莞0.68万亿元,为第二梯队;惠州0.34万亿元、中山0.32万亿元、澳门0.31万亿元、江门0.24万亿元、珠海0.22万亿元、肇庆0.21万亿元,为第三梯队。

从2016年粤港澳大湾区的三大结构中可见,广州和深圳服务业占比最高,其次为东莞、珠海占比均超过50%,大部分城市正处在工业经济向服务业经济转型阶段。

2017年,粤港澳大湾区的经济总量突破10万亿,远超旧金山湾区,已位居四大湾区第三位,仅次于纽约湾区和东京湾区。从人均GDP来看,粤港澳大湾区仍处于末位,但从增速来看,粤港澳大湾区增速位列第一位,处于高速发展阶段,发展潜力比较大。

目前,粤港澳大湾区GDP已达1.6万亿美元,超越了旧金山湾区,与东京湾区的差距逐渐缩小;港口集装箱年吞吐量达6 520万标箱,是东京湾区港口货物吞吐量的8倍;机场旅客吞吐量在2015年便已达1.5亿人次,超出东京湾区机场旅客吞吐量近4 000万人次,是旧金山湾区机场旅客吞吐量的2倍。我们通过将粤港澳大湾区与东京湾区、纽约湾区、旧金山湾区的主要经济指标进行对比,可以看到目前粤港澳大湾区的国际交往功能、集聚外溢效应和规模效应正在不断提升。建设粤港澳大湾区,打造世界级城市群,已经具备较为良好的现实条件。

一、粤港澳大湾区对标旧金山湾区

旧金山湾区位于美国加利福尼亚州北部西海岸,包括九个郡(县),占地面积1.79万平方千米,总人口数777万(2018年),主要由旧金山、奥克兰、圣何塞三大城市构成。经过多年的发展,旧金山湾区在高新技术产业、金融服务业、文化产业和旅游业等方面取得了显著成效。旧金山湾区集聚了多家世界500强企业,如苹果、谷歌、英特尔、超微、惠普、赛灵思等,湾区内拥有硅谷和多所著名的学府,为企业的发展输送了大批人才。20世纪中叶,旧金山湾区陆续成立了多家湾区保护委员会共同管理湾区环境,包括大都会交通委员会、水质控制委员会、VOCS检测实验室以及美国联邦环保局等,通过制定改善水质和转移重污染企业的法规、鼓励高新技术企业发展条例和减少碳排放备忘录等,共同推进湾区可持续发展,不仅治理了污染,也创造了良好的自然、生态和文化环境。

粤港澳大湾区定位于建设具有全球影响力的国际科技创新中心,而旧金山湾区依赖创新驱动,其人均 GDP 等指标都遥遥领先于其他世界级湾区。2018 年旧金山湾区的人均 GDP 高达 10.0 万美元,远高于同期纽约湾区的 8.2 万美元、东京湾区的 4.0 万美元和粤港澳大湾区的 2.3 万美元。旧金山湾区创新驱动的成功经验和所面临的问题,对粤港澳大湾区建设具有非常重要的借鉴意义。

旧金山湾区在经济上所取得的成就不仅仅依靠创新,还包括区域内城市间的合理分工、各项公共设施的建设等因素。区域间的良好协调,促进了旧金山湾区的快速发展。1961 年,半官方的旧金山湾区政府协会(ABAG)成立,它以统筹推进区域规划为目标,是最主要的地区性综合规划机构,通过搭建城市之间的沟通桥梁,促进湾区各城市间的协调发展。

粤港澳大湾区与旧金山湾区相比有着众多共性。从地理位置上看,旧金山湾区与粤港澳大湾区均处于三面环山、一面临海,适宜发展外向型经济;从地域风格上看,硅谷和深圳也都有敢于变革、善于创新的传统,最为重要的是,粤港澳大湾区是中国创新要素和资源高度聚集的重要地区之一,深圳在研发成果产业化和产业配套能力上都名列世界前茅,并且多元发展新兴产业,这与旧金山湾区的"创新型"特点不谋而合。粤港澳大湾区十分注重科技创新,并且在这方面成就尤为突出。截至 2015 年底,广东省共有高新技术企业 19 857 家,高新技术企业规模居全国第一;发明专利拥有量 138 878 件,连续六年位列全国第一;企业发明专利申请和授权量占全广东省总量的 70% 以上,还拥有华为、中兴通讯、腾讯、网易、大疆创新等众多知名的创新型企业。

二、粤港澳大湾区对标东京湾区

21 世纪的东京湾区既有首都功能,又有临海优势,得天独厚。特别是 20 世纪 60 年代日本新干线的贯通,不仅实现了东京与其他城市的无缝对接,更加速了人口的大聚集,促进了服务业和知识经济的兴起。东京湾区位于日本关东平原南部,毗邻太平洋,是一个纵深 80 余千米的优良港湾,周围分布有东京、横滨、川崎、千叶等港口城市。

东京湾开发始于 17 世纪的江户时代,德川家康的填海造地运动为东京湾周边城市的拓展提供了可能性,东京也因此成为日本最大的物流中心。日本政府于 1951 年颁布《港湾法》,明确整个国家港口发展数量、规模和政策三者之间的关系。1967 年日本政府颁布的《东京湾港湾计划的基本构想》中提出"广域港湾"的概念,主张各地方港口集体协商对港口群进行规划协调,避免港口之间因费用定价不同而产生的恶性竞争,最大程度上保障港口群的最大利益。1999 年,日本制定《第五次首都圈基本规划》,再次强调了东京作为首都的职能,同时采取制造业外迁的"工业分散"战略,在一定程度上解决了东京都的人口膨胀问题。

而粤港澳大湾区的 11 座城市中,深圳、香港金融体系完备,高新技术产业发达;广州、佛山、东莞制造业基础雄厚;澳门旅游业发达;珠海、惠州、江门制定了"工业立市"等各种政策。同时,粤港澳大湾区港口群规模庞大,拥有香港、深圳、广州等世界级枢纽港口及珠海、虎门、惠州、汕头等地方港口。2015 年，这些主要港口的集装箱吞吐量已经达到了 6 856.36 万标准箱,其中广州、深圳以及香港的港口年吞吐量合计可达 10 亿吨。区域内的轨道交通系统、高速路网以及港珠澳大桥和深中通道干线已经覆盖广东全省。湾区内拥有港珠澳大桥、深中通道、广深港高铁、虎门二桥等多项在建区域重点项目;同时拥有广州、深圳、香港等国际航空枢纽和南沙自贸区、前海自贸区等多个自贸区港口水运航线;还拥有深圳港、香港港、广州港等三个世界级集装箱港口。这些既促进了湾区沿线经济要素的流动,也带动了湾区各城市之间的资源整合。粤港澳大湾区的建立集聚了大量的财富、金融、创新元素,包括产业资源,不仅可以实现城市间的优势共享,还可以辐射全国。

三、粤港澳大湾区对标纽约湾区

纽约湾区又称为纽约大都市区,由纽约州、康涅狄格州、新泽西州等 31 个郡(县)联合组成,面积达 2.15 万平方千米。从 19 世纪 80 年代开始逐步发展,如今纽约湾区以发达的制造业和金融业、便利的城际交通、突出的产业优势孕育了众多全球创新科技企业。距离其不远的格林威治因优惠的税收政策、发达的交通和教育等区位优势吸引了世界 500 多家对冲基金在此落户,成为著名的对冲基金特色村镇。纽约湾区内集聚了大量金融、证券、保险及期货市场的精英,因此也被称为"金融湾区"。

与纽约湾区相比,我国粤港澳大湾区一是同样也具备较大的经济规模,2018 年粤港澳大湾区 GDP 约为 1.64 万亿美元(东京湾区大约为 1.77 万亿美元,旧金山湾区约为 0.78 万亿美元,纽约湾区约为 1.66 万亿美元),排在第三位。二是粤港澳大湾区在产业集聚上也极具优势,深圳、香港、澳门、东莞、惠州、佛山等沿海城市的制造业、金融业、高新技术产业均处于全国领先水平,行业之间的互补带动了粤港澳大湾区的协同效应。三是粤港澳大湾区第三产业比重已超过 60%,发展很快,既囊括了金融、会展、文化创意为主的现代服务业,又包括了新能源、新材料、生物医药为主的战略性高新技术产业,而且在金融方面明显处于引导地位。现在的粤港澳大湾区已经有七十多家世界排名前 100 位的银行,2015 年深圳证券交易所首次公开幕股(IPO)总金额也有了很大提升,超过了 2 603.48 亿港元,同比增长 13.16%,居于世界领先水平。

总之,国外著名湾区所具有的完善的产业配套体系、高效的资源配置能力、强大的集聚外溢功能、发达的国际交往网络和宜居宜业的城市环境等,为我国发展粤港澳大湾区提供了多方可借鉴的经验。

粤港澳大湾区虽然目前产业体系比较完备,制造业的基础比较雄厚,城市分工也比较明确,但是整体产业还是比较落后。因此,粤港澳大湾区想要获得成功,就需要努力打造完善的融资体系,服务好湾区内的中小企业,同时吸引高素质人才,促进产业转型升级。

四、粤港澳大湾区的未来展望

1. 智慧湾区

湾区经济既是港口城市都市圈与湾区独特地理形态相结合聚变而成的一种独特经济

形态,也是港口经济、集聚经济和网络经济高度融合而成的一种独特经济形态。粤港澳大湾区是国内湾区经济发展的领头羊,在经济、社会和生态建设领域,粤港澳大湾区较国内诸多城市均有一定的领先性。但目前来看,粤港澳大湾区与纽约湾区、旧金山湾区和东京湾区仍有较大差距,粤港澳大湾区加快融合和打造比肩国际一流湾区的经济发展水平仍然任重而道远。国际领先湾的经济发展经验也给国内力推湾区经济发展的城市以启示。国内众多城市在大力推动湾区经济发展时,更应注重通过体制机制创新释放区域创新发展活力,不断增强区域经济增长内生动力。湾区发展既要更好发挥政府宏观指导引导作用,也要充分发挥市场、社会、行业协会、创新人才的积极作用。

2. 智慧港口

加快建设智慧港口工程。通过电子政务云、网络畅通工程等设施,补充中心机房设备和基础软硬件,加强完善电子政务网络支撑能力,推动运营商应用下一代互联网协议(IPV6)和第五代移动通信技术(5G),搭建航道沿岸通讯基础网络,实现港区无线网络覆盖。利用卫星导航、雷达探测、光电识别、无线射频等智能感知技术,推进建设"码头生产调度""自动装卸作业""联网售票""智能闸口"和"一卡通"等系统,促进多源信息共享和融合,初步实现港口生产、控制自动化、管理服务智能化。实现水域网格化、信息化管理,创新海运危险货物管理方法,推行海运危险货物集装箱查验信息化管理模式,实现危险货物申报"零时等待"。

3. 智慧航运

提升粤港澳大湾区范围内的港口自动化、信息化水平,实现港口生产、管理、服务的智能化。支持高水平航运科技研发平台建设,推进产学研协同创新,打造航运科技创新中心,提升航运科技水平。加强云计算、大数据、卫星导航、移动互联网、船舶自动识别系统(AIS)等技术在海运领域的应用,推进集装箱海铁联运、远洋运输管理物联网应用示范工程建设。进一步推广物联网集成应用,完成基于物流网的集装箱、散杂货、滚装汽车码头的综合物流管理服务平台,完成综合物流智能管理平台、集装箱运营车辆智能化管理信息系统、内河船舶信息化应用项目等信息化项目建设。

第十三章 中国建设湾区城市群的发展战略和对策建议

第一节 世界三大湾区的总体启示

旧金山湾区、纽约湾区、东京湾区这三个湾区已经演变成目前全球公认的世界三大湾区,它们在经济效应、治理政策、开放贸易、科技创新等层面都具有代表性作用。三大湾区都在发展方向、发展内容上有各自的规划,并在此基础上奠定了高度开放、区域融合的湾区经济模式。例如,旧金山湾区注重其客观条件,依靠科教资源,将科学技术视为第一生产力,企业通过科技成果转化为湾的发展提供资金;同时政府不断更新政策支持,以求风险控股,提供后续保障。纽约湾区则是倚靠金融驱动,利用丰富的创投资源以及良好的激励机制,支持多元化的资本市场融资体系,促进了国际资本的高速流通。而东京湾区就以"打造全球知名的高端制造业走廊"为目标,利用其湾区的内部条件、市场资源进行产业驱动,高效融合区域一体化,打造了以东京为首的湾区城市群。

世界三大湾区城市群的成功发展,给我们带来了如下的启示。

1. 建立多方合作机制

湾区经济的发展离不开企业、政府和社会等多方合作。在湾区的规划发展中,应充分考虑到不同层次、不同部门及地方政府之间的目标需求,并对其进行统筹协调。

2. 建立完善的市场机制

湾区要重视市场机制配置资源的基础作用与政府引导相结合,鼓励要素自由流动。政府充当市场环境的创造者和培训者角色,减少市场干预,努力消除各种壁垒。

3. 城市功能分工明确,错位发展,使集聚效应发挥最大化

纵观世界三大湾区,我们可以发现湾区内部城市的功能与产业定位都有鲜明的分工体系,城市间根据自身基础和特色,承担不同的功能,在分工合作、优势互补的基础上形成组合体。

4. 教育和科研机构高度密集

人才集聚是经济发展的基础,三大湾区的教育和科研机构密集程度远超其他地区。东京一个市就集聚了全日本大学总数的五分之一以上和30%的大学教员,集聚了近五百所民间研究机构的四分之一和六百多家 TOP 技术型公司的二分之一。旧金山湾区则聚集了一批美国著名的高等学府及研究机构,其中有四个世界级的研究型大学、五个国家级实验室。仅纽约市就有大学及学院六十余所,哥伦比亚大学、纽约大学、康奈尔大学等均为著名大学。

5. 保护及善用湾区的自然景观与空间特征

较之内陆地区,湾区的环境更加脆弱,治理难度更大。比如东京湾区在发展过程中大规模填海造地,造成了严重的环境破坏,甚至引发了社会危机,其负面影响至今还在。我们应当避免这种"先污染、后治理"的思路,重视有限资源环境的承载力与长期发展之间的矛盾,对湾区资源进行合理的规划和布局,约束各类开发行为,实现湾区多层次功能开发。

6. 不断探索、推进湾区发展模式转变

世界三大湾区的发展均在一个政治体制下,而粤港澳大湾区则是在"一国两制"的框架下。发展具有中国特色的湾区,需要探索独特的中国式道路。湾区崛起的背后,是产业的转型升级以及经济、社会、环境、资源等整个社会生活的优化,更是城市结构的转变。

第二节　中国建设湾区城市群的发展战略

"湾区经济"概念更多的是基于地理特征和地域分工的一种经济社会活动集合,它强调国际化与现代化城市发展形态与现代服务业、总部经济、高新技术、金融产业、海港工作带等经济发展形态的结合。同时,"湾区经济"应承载三个层次的城市规划目标,即核心功能区、新兴经济区、跨界协作区。(表 13 - 1)

表 13 - 1　湾区经济的三个层次规划目标

城市规划	交通优势	城镇布局	生态环境	产业结构
核心功能区	国际性经济物流中枢	空间布局合理,要素自由流动	低碳、绿色环保	高端服务业与信息网络
新兴经济区	交通引导道路网络与跨江通道建设	新城镇规划与行政中心的调整	注重保持海岸地貌完整与地质结构平衡	港口经济圈与新兴产业集群
跨界协作区	跨界基础设施衔接,通关一体化	跨界地区空间合作	生态安全、水气污染监控	CEPA 主导跨界合作

形成"湾区经济"还需具备以下五个条件。

1. 必须拥有强大的产业集群

产业集聚带来的基础设施和要素市场的公用性、产业连锁的便捷性、信息汇流的通畅

性,是产业集聚的正面效应,有利于湾区实现规模经济。

2. 必须形成强有力的经济核心区

在经济全球化的大背景下,经济区域的核心区往往是"多核"的,是一个多层级的城市集群,区域之间会呈现出"多圈、多核、叠合、共生"的新形态。

3. 必须拥有广阔的经济腹地

湾区的经济腹地是整个湾区所能覆盖或影响的广大地域或区域。湾区如果腹地窄小,大都市圈和大规模产业集群缺乏发展空间,也就不能形成湾区经济。

4. 必须拥有完善的经济交通网络

一个成型的经济区域,是靠完善的市场网络、交通网络和信息网络这三层网络来支撑的,这三层网络的有机聚合,能够使湾区的产业集聚和城市集聚产生"放大效应"。最重要的是必须具备交通枢纽的作用,拥有良好的海陆空交通体系。

5. 必须拥有一大批科研与教育机构以及创新型国际化领军人才

从世界各国著名湾区的发展历程看,科研与教育机构和创新性人才是湾区成功发展的基本条件之一。

第三节　中国建设湾区城市群的对策建议

如何加快我国大湾区的发展？最重要的事情是促进粤港澳大湾区的经济发展模式,包括全球供应链和企业供应链,可以通过市场化运作来优化粤港澳大湾区内每个区域的资源配置,对所在的各个区域进行优势互补,从而提升整个区域的竞争优势和核心竞争力。粤港澳三地必须进一步加强自由贸易区的建设,从而使企业能够在三地之间进行自由贸易,并吸引更多的外国投资者。

首先是科技创新。构建湾区科技创新带,提升科研转化能力。积极吸引人才,加大对高等院校、科研机构、创业企业的教育和科研投入力度,建设世界一流大学和科研机构,提升创新能力和科研转化能力。高校院所是湾区实现创新驱动的源泉,三大湾区高校院所林立,其中纽约湾区是哈佛等众多国际著名高校及科研院所的集聚地,旧金山湾区拥有斯坦福大学等著名高校院所,东京湾区聚集了庆应大学等知名高校院所,这些高校院所大部分与主导产业集聚区相邻,是湾区产业链和知识链的始发端口,对推动高新技术产业链形成和促进传统制造业转型升级起到重要的引领和支撑作用。正是因为高校院所的存在,使湾区核心地带形成虹吸效应,吸引人才、资金、技术等创新要素集聚核心区,推动技术项目从实验室走向技术孵化器进而实现产业化,引导企业在科技革命中及时掌握前沿技术动态、抢占发展先机,实现以创新驱动促进产业的发展。大幅提升高校院所对全湾区经济的扶持作用,积极引导香港和广东省内高校院所在珠三角各市设立分校、分支机构、科研平台等,吸引广东省外高校院所与粤港澳大湾区联合共建新型研发机构等合作平台,形成以广州、香港、深圳为核心的科研网络体系。进一步加强产学研合作,逐步畅通高校院所技术成果到企业转化的通道,引导企业强化与高校院所的联合技术攻关,提升高校院所对企业创新发展的支撑能力。加强高校院所与孵化器的合作,将与高校院所的紧密合作纳入孵化器建设发展的制度范畴,畅通科研项目从实验室走向孵化器进而产业化的通道,推动高校院所成为孵化器可持续发展的原动力。

其次是金融协同。金融服务向科技服务企业倾斜,构建"科技 + 金融"生态圈。粤港澳大湾区本身金融实力较强,拥有香港和深圳两大金融中心,以及香港交易所和深圳证券交易所两大证券交易所,汇聚全球众多的银行、保险、证券、风投基金等跨国金融巨头。未来粤港澳大湾区金融服务的方向应向科技企业倾斜,构建"科技 + 金融"生态圈,为湾区创业企业提供金融支持,打造粤港澳大湾区"创新高地"。

再次是产业定位协同。城市产业发挥各自优势,差异化定位。旧金山湾区在发展过程中,形成了中心城市及其他城市的错位协同发展。反观粤港澳大湾区,目前仍面临制造业同质化严重和国际竞争压力加剧的问题,产业错位发展和转型升级势在必行。未来城市产业角色应依托各自优势,差异化定位,如深圳的高科技产业、广州的信息技术和制造业、东莞和佛山等周边城市的先进制造业,香港的金融和高端服务业,澳门的商务服务业等。

最后是交通一体化。建设一体化交通网,形成湾区发展圈。交通一体化是湾区协同发展的基础。在旧金山湾区的发展历程中,交通的加速作用也是显而易见的,金门大桥和1972 年开始通车的旧金山湾区捷运系统(BART)都有效地促进了湾区的一体化发展。目前,珠三角区域的交通网已经较为密集,未来粤港澳大湾区交通发展应以实现珠三角城市和港澳联动为重点,铺展大湾区交通网。

针对以上研究,本书提出以下具体措施:

(1)整合优化粤港澳大湾区内公路、水路、民航、铁路等基础设施资源,打造重要枢纽港口与铁路连接的多式联运中心;

(2)加强向海上和陆上辐射的物流通道建设,将粤港澳大湾区打造成为港口与航运中心、机场与航空中心、铁路与多式联运中心、物流与供应链管理中心、要素交易与物流创新金融中心,接"一带一路"的全球门户和枢纽;

(3)以广州南沙、深圳前海、珠海横琴为平台,推进大湾区航运服务集聚区建设;

(4)以香港港、广州港、深圳港为核心,以珠海港、东莞港等周边港口为支撑,建设错位发展、合作共赢的粤港澳大湾区世界级港口群。

结　语

　　湾区经济既是港口城市都市圈与湾区独特的地理环境相结合聚变而形成的一种独特产业形态,也是港口经济、集聚经济和网络经济高度融合而形成的经济形态。湾区发展既要发挥好政府的宏观引导作用,也要充分发挥市场、行业协会等的积极引领作用。

　　粤港澳大湾区是中国湾区经济发展的领头羊,在经济、社会和生态文明建设领域,粤港澳大湾区与国内诸多城市相比具有一定的领先优势。目前,粤港澳大湾区与纽约湾区、旧金山湾区和东京湾区仍有较大差距,因此粤港澳大湾区亟待加快产业融合,努力发展成为国际一流湾区。世界三大湾区的发展经验也给中国湾区经济的发展带来不少启示,国内众多城市在大力推动湾区经济发展的同时,更应注重通过体制与机制创新释放区域创新发展活力,不断增强区域经济增长的内生动力。

　　发展湾区经济需要注意以下五个方面。

　　第一,必须拥有强大的产业集群。产业集群带来的基础设施和要素市场的公用性、产业连锁的便捷性、信息汇流的通畅性,是其正面效应,有利于湾区实现规模经济。可以通过打造总部经济集聚区,引进世界500强企业入驻,加快建设兼具总部经济和研发功能的企业集聚地。

　　第二,必须形成强有力的经济核心区。在经济全球化的大背景下,经济核心区往往是"多核"的,是一个多层级的城市集群,区域之间会呈现"多圈、多核、叠合、共生"的新形态。

　　第三,必须拥有广阔的经济腹地。湾区的经济腹地,是整个湾区所能覆盖或影响的广大区域。湾区如果腹地窄小,大都市圈和大规模产业集群便会缺乏发展空间,也就不能形成湾区经济。

　　第四,必须拥有完善的交通网络。一个成型的经济区域,是靠完善的市场网络、交通网络和信息网络这三层网络来支撑的。市场、交通、信息三层网络的有机聚合,能使湾区的产业集聚和城市集聚产生"放大效应"。因此,湾区必须具备交通枢纽的作用,拥有良好的海陆空交通体系。

　　第五,必须拥有一大批科研院所与教育机构以及创新型国际化领军人才。从世界三大湾区的发展历程看,科研与教育机构和创新型人才是湾区发展的基本条件之一。因此,应当以当地知名学府为基础组建学术团队,并不断引进各行业高端人才。

　　综上所述,要发展湾区城市群,只有集聚更多的生产要素和经济资源,依靠完善的基础设施、开放包容的体制、强大辐射的地理范围,区域协同、创新、高效的资源配置能力,宜居宜业的生态环境,才能真正建成世界性大湾区,更好地引领城市群的发展。

参 考 文 献

[1] 亚洲金融智库.粤港澳大湾区金融发展报告(2019)[M].北京:中国金融出版社,2020.

[2] 申勇.海上丝绸之路背景下深圳湾区经济开放战略[J].特区实践与理论,2015
(1):84-87.

[3] 孙会娟."大湾区"的来龙去脉及浙江的谋划[J].浙江经济,2017(20):58-59.

[4] 刘艳霞.国内外湾区经济发展研究与启示[J].城市观察,2014(3):155-163.

[5] 马化腾.粤港澳大湾区:数字化革命开启中国湾区时代[M].北京:中信出版社,2018.

[6] 王旭阳,黄征学.湾区发展:全球经验及对我国的建议[J].经济研究参考,2017
(24):5-10.

[7] 魏达志,张显未,裴茜.未来之路:粤港澳大湾区发展研究[M].北京:中国社会科学出版
社,2018.

[8] 叶芳.从湾区经济视角解读粤港澳大湾区发展规划[N].中国海洋报,2019-02-26(3).

[9] 伍凤兰,陶一桃,申勇.湾区经济演进的动力机制研究:国际案例与启示[J].科技进步
与对策,2015,32(23):31-35.

[10] 谢志强.深圳湾区经济助推中国开放[J].人民论坛,2015(6):72.

[11] 张日新,谷卓桐.粤港澳大湾区的来龙去脉与下一步[J].改革,2017(5):64-72.

[12] 马忠新,伍凤兰.湾区经济表征及其开放机理发凡[J].改革,2016(9):88-96.

[13] 李睿.国际著名"湾区"发展经验及启示[J].港口经济,2015(9):5-8.

[14] 王宏彬.湾区经济与中国实践[J].中国经济报告,2014(11):99-100.

[15] 盛朝迅.推动湾区经济发展的思考与建议[N].经济日报,2019-5-30(12).

[16] 雷佳.湾区经济的分析与研究[J].特区实践与理论,2015(2):101-104.

[17] 何诚颖,张立超.国际湾区经济建设的主要经验借鉴及横向比较[J].特区经济,2017
(9):10-13.

[18] 林贡钦,徐广林.国外著名湾区发展经验及对我国的启示[J].深圳大学学报(人文社
会科学版),2017,34(5):25-31.

[19] 鲁志国,潘凤,闫振坤.全球湾区经济比较与综合评价研究[J].科技进步与对策,2015
(11):112-116.

[20] 陈相.国外先进地区经验对粤港澳大湾区创新发展的启示[J].科技创业月刊,2018
(3):117-120.

[21] 廖澜.环渤海湾区金融发展研究:基于沪杭甬、粤港澳湾区比较[J].财经界,2020(1):
43-45.

[22] 张振刚,尚希磊.旧金山湾区创新生态系统构建对粤港澳大湾区建设的启示[J].科技
管理研究,2020(5):1-5.

［23］谢瑜宇.借鉴世界三大湾区发展经验把杭州湾经济区打造成一流湾区［J］.宁波经济
　　　（三江论坛）,2017(12):16－19.

［24］蔡龙浩,杜柏松.基于世界著名湾区发展经验的杭州湾新区规划研究［J］.特区经济,
　　　2020(6):45－47.

［25］锁箭,汤瑞丰.粤港澳大湾区高质量创新协同发展研究［J］.科技进步与对策,2020,37
　　　(24):46－53.

［26］张昱,眭文娟,谌俊坤.世界典型湾区的经济表征与发展模式研究［J］.国际经贸探索,
　　　2018,34(10):45－57.

［27］李政道.粤港澳大湾区海陆经济一体化发展研究［D］.沈阳:辽宁大学,2018.

［28］维耶.纽约史［M］.吴瑶,译.北京:社会科学文献出版社,2016.

［29］洪文迁.纽约大都市规划百年:新城市化时期的探索与创新［M］.厦门:厦门大学出版
　　　社,2010.

［30］武廷海.纽约大都市地区规划的历史和现状:纽约区域规划协会的探索［J］.国外城市
　　　规划.2000(2):3－7.

［31］刘彦平.四大湾区影响力报告［M］.北京:中国社会科学出版社.2019.

［32］胡安俊,肖龙.日本国土综合开发规划的历程、特征与启示［J］.城市与环境研究,2017
　　　(4):47－60.

［33］鲁玫村.世界湾区产业发展的特征及经验借鉴［J］.特区经济,2018(8):14－17.

［34］廖振峰,郎咸平:大湾区核心吸引力是留住高素质人才［J］.房地产导刊,2018
　　　(7):44－45.

［35］杨道玲,那玉冠,李祥丽.奥港澳大湾区科技创新的优势与短板:基于多源数据的世界
　　　四大湾区对比研究［J］.科技管理研究,2020(10):106－111.